Mengapa Pembebasan Gagal — dan Bagaimana Api Tuhan Memulihkan Jiwa:

40 Deklarasi Harian untuk Pembebasan yang Menyeluruh

Oleh

Duta Besar Senin O. Ogbe ; Kenyamanan Ladi Ogbe ; Zacharias Godseagle

Daftar Isi

Halaman Hak Cipta

Judul:
Mengapa Pembebasan Gagal — dan Bagaimana Api Tuhan Memulihkan Jiwa: 40 Deklarasi Harian untuk Pembebasan yang Menyeluruh
Penulis:
Zacharias Godseagle
Duta Besar Senin O. Ogbe
Comfort Ladi Ogbe
Penerbit:
Publikasi Zacharias Godseagle
bermitra dengan God's Eagle Ministries (GEM)
Otakada.org | WealthBeyondWorrySeries.com

Desain Sampul: Unit Kreatif Pelayanan Elang Tuhan
Desain Interior & Tata Letak: Tim Editorial & Produksi GEM
Diterbitkan oleh:
Pelayanan Elang Tuhan (GEM)
No.8, Kediaman Sahaba, Lugbe, Abuja, Nigeria
Surel: info@otakada.org | duta besar@otakada.org

Situs web: www.otakada.org[1]
Dicetak dan didistribusikan ke seluruh dunia melalui
Zacharias Godseagle dan God's Eagle Ministries

1. http://www.otakada.org/

Tentang buku - Mengapa Pembebasan Gagal — dan Bagaimana Api Tuhan Memulihkan Jiwa: 40 Deklarasi Harian untuk Pembebasan yang Menyeluruh

Pembebasan tidak pernah dimaksudkan sebagai pintu putar — bebas hari ini, terikat besok.

Itu dirancang untuk menjadi warisan permanen bagi orang percaya: "Jadi jikalau Anak itu memerdekakan kamu, kamu pun benar-benar merdeka." — Yohanes 8:36

Buku ini ditulis untuk setiap orang Kristen yang telah berjuang dalam pertempuran yang tak kasatmata, menang sesaat, lalu bertanya-tanya mengapa pergumulan itu muncul kembali.

Ini diperuntukkan bagi orang percaya yang berpuasa, yang berdoa selama berhari-hari, namun merasa terus dihantui oleh siksaan yang sama.

Ini diperuntukkan bagi pendeta yang menumpangkan tangan atas orang lain tetapi secara diam-diam membutuhkan tangan Tuhan diletakkan atas mereka.

Dan ini diperuntukkan bagi mereka yang sudah bosan dengan jawaban-jawaban dangkal, dan haus akan transformasi yang bertahan lama.

Inti Buku Ini

Mengapa Pembebasan Gagal — dan Bagaimana Api Tuhan Memulihkan Jiwa bukanlah buku pedoman metode lainnya; ini adalah perjalanan transformasi.

Melalui empat puluh deklarasi harian, Anda akan membangun kembali tembok-tembok batin kehidupan Anda hingga tidak ada lagi ruang bagi kegelapan untuk kembali.

Setiap deklarasi mengundang tiga hal:

1. Pertobatan — menutup pintu dosa yang pernah terbuka.

2. Pembaruan — untuk memenuhi rumah hati Anda dengan Firman.

3. Memerintah — berjalan setiap hari dalam otoritas yang sudah diberikan Kristus kepada Anda.

Ini bukanlah bacaan pasif; ini adalah latihan spiritual yang mengubah teologi menjadi kesaksian.

Setiap doa dipalsukan dari Kitab Suci. Setiap kisah menunjuk pada kemenangan.

Dan deklarasi setiap hari membangun kembali tembok api di sekitar takdir Anda.

Tiga Kisah Nyata yang Menginspirasi Karya Ini

1. Musisi yang Kehilangan Lagunya

Ia pernah memimpin ibadah yang membuat orang menangis. Lalu mimpi-mimpi aneh pun dimulai—tangan-tangan mencekik suaranya, bayangan-bayangan mengejek pujiannya.

Ia berlari dari satu pertemuan ke pertemuan yang lain, mencari pembebasan, tetapi keheningan semakin bertambah.

Suatu malam, ketika membaca Lukas 4 di mana Yesus berkata, "Ada tertulis," ia menyadari kebenarannya: ia telah belajar bernyanyi tentang Tuhan, tetapi belum belajar memakan Firman-Nya.

Ia mulai membacakan Kitab Suci dengan lantang setiap hari—Mazmur demi Mazmur. Dalam beberapa minggu, mimpi-mimpinya berakhir dan melodinya kembali.

Pembebasan datang bukan melalui kebisingan, melainkan melalui makanan.

2. Wanita yang Menutup Pintu yang Salah tapi Membiarkan Pintu Lain Terbuka

Dia telah menghancurkan berhala-berhala pemberian neneknya, namun mimpi buruk yang menyiksanya terus berlanjut.

Selama konseling, Roh Kudus menyingkapkan pintu tersembunyi—kecanduannya terhadap novel dan film fantasi gelap.

Dia berpuasa, membakar bahan-bahan tersebut, dan menggantinya dengan musik penyembahan dan Kitab Suci.

Malam itu dia tidur nyenyak untuk pertama kalinya selama bertahun-tahun.

Pembebasan tidak gagal karena Tuhan lemah; pembebasan gagal ketika orang percaya membiarkan jendelanya terbuka.

3. Pendeta Muda yang Mencoba Berdoa Tanpa Api

Ia mengkhotbahkan pembebasan tetapi secara pribadi berjuang melawan depresi.

Suatu pagi ia membaca Roma 12:1–2: "Berubahlah oleh pembaharuan budimu."

Ia berhenti mencari kuasa dan mulai mencari pembaruan—berpuasa bukan agar setan melarikan diri, melainkan agar Firman berdiam dengan limpah.

Dalam beberapa bulan, suaranya berubah, keyakinannya semakin dalam, dan mereka yang dulu datang untuk meminta bantuan kini menemukan kesembuhan di bawah bayangannya.

Ketika altar terbakar lagi, kebebasan pun menyusul.

Mengapa Buku Ini Penting

Sebab banyak orang beriman dewasa ini yang tahu bagaimana berdoa, tetapi sedikit yang tahu bagaimana tetap bebas.

Kita mengejar peristiwa, tetapi mengabaikan pertemuan.

Kita melawan kegelapan, namun lupa memberi makan cahaya.

Dan di celah antara kemenangan dan pemeliharaan, musuh membangun kembali sarangnya.

Buku ini mengisi kekosongan itu.

Ia tidak sekadar mengusir; ia mengajarkan Anda untuk menempati.

Ia tidak hanya menyingkap apa yang salah; ia menunjukkan cara untuk tetap benar.

Anda akan belajar menjaga pikiran Anda seperti benteng, memberi makan jiwa Anda seperti lampu, dan menjalani hidup setiap hari seperti nyala api yang tidak dapat dipadamkan.

Akhir kata

Setiap bab, setiap ayat, setiap deklarasi adalah batu altar di tangan Anda.

Jika Anda membangun dengan konsisten, Anda akan melihat apa yang dilihat Elia — api Tuhan menghanguskan korban persembahan dan membungkam musuh.

Kebebasan bukanlah sesuatu yang jauh; ia hanya satu deklarasi saja.

Biarkan buku ini menjadi korek api di tangan Anda.

Bukalah halaman-halamannya dengan iman, doakan kata-katanya dengan ketulusan, dan saksikan Api Tuhan memulihkan jiwa Anda.

SAMPUL BELAKANG BUKU PAPERBACK

Mengapa beberapa orang beriman mengalami kemenangan sementara—dan kemudian kembali lagi ke pertempuran tak kasat mata yang sama?

Mereka berdoa, berpuasa, menangis, namun kegelapan tampaknya kembali.

Mereka melepaskan diri sejenak, hanya untuk menemukan rantai yang sama menunggu dalam bentuk lain.

Jawabannya bukanlah bahwa kuasa Tuhan telah berkurang—tetapi banyak orang telah belajar untuk mengusir, tetapi tidak untuk membangun.

Pembebasan gagal ketika berakhir di altar dan tidak pernah mencapai hati.

Kebebasan bukanlah ketiadaan setan; melainkan kehadiran Api, Firman, dan Roh di dalam diri.

Dalam renungan yang inovatif ini, Mengapa Pembebasan Gagal — dan Bagaimana Api Tuhan Memulihkan Jiwa, Anda akan menemukan bahwa:

Iman tanpa persekutuan akan menguras tenaga.

Kepatuhan lebih kuat dari minyak.

Keintiman menopang apa yang dimulai oleh otoritas.

Pembaharuan pikiran adalah medan perang yang sesungguhnya.

Kalimat "Ada tertulis" yang sama yang Yesus gunakan masih membungkam godaan saat ini.

MELALUI 40 DEKLARASI Harian untuk Pembebasan Menyeluruh, Anda akan:

Tutup pintu lama dan buka dimensi baru kasih karunia.

Gantikan ketakutan dengan api dan kebingungan dengan kejelasan.

Bangun kembali tembok batin keimanan, disiplin, dan pengabdian.

Berjalanlah dalam kebebasan abadi dan keintiman baru dengan Tuhan.

KATA PENGANTAR

"Allah kita adalah api yang menghanguskan." — Ibrani 12:29 (TB)

Buku ini tidak lahir dari teori, tetapi dari peperangan.

Tulisan itu ditulis di parit doa, melalui malam-malam tanpa tidur, dan di saat-saat ketika api Tuhan membakar lebih dalam daripada yang dapat diungkapkan dengan kata-kata.

Setiap deklarasi, setiap ayat, setiap halaman membawa suara pembebasan — bukan suara agama, melainkan gema penebusan.

Pembebasan bukanlah fenomena yang asing bagi orang percaya; itu adalah warisan sehari-hari bagi setiap orang yang berjalan bersama Tuhan.

Salib bukan hanya tempat pengampunan; tetapi juga tempat kebebasan.

Yesus tidak hanya mati untuk menyelamatkan kita dari dosa, tetapi untuk memulihkan kekuasaan, martabat, dan persekutuan sehari-hari dengan Bapa.

Namun, banyak orang yang mengasihi Tuhan masih terjebak dalam penjara tak kasat mata — siklus ketakutan, kebingungan, hawa nafsu, stagnasi, dan kelelahan rohani.

Mereka berdoa, berpuasa, dan menangis, tetapi rantainya tetap ada.

Inilah sebabnya 40 Deklarasi Harian ini ada **: untuk membantu Anda melampaui pembebasan berbasis peristiwa menuju transformasi berkelanjutan.**

Bukanlah kerasnya doa yang mematahkan kuk, melainkan keselarasan hati dan kebenaran di bawah api Roh Kudus.

Api ini memurnikan, bukan menghancurkan.

Ia mengungkap, bukan mengutuk.

Ia membakar habis sisa-sisa ikatan leluhur, kelelahan spiritual, dan sistem kelautan yang berupaya mencemari jiwa manusia.

Api yang sama itulah yang menghanguskan korban di altar Elia, menyucikan bibir Yesaya, dan memberi kuasa kepada para pengikutnya pada pagi hari Pentakosta.

Di sini, Anda tidak akan menemukan ritual yang rumit — hanya Firman Tuhan yang hidup, yang diakui, diyakini, dan dijalani setiap hari.

Anda tidak akan menemukan doa yang didorong oleh rasa takut, tetapi pernyataan yang didorong oleh iman yang memperbarui pikiran, menyembuhkan jiwa, dan meneguhkan orang percaya di atas Batu Karang Kristus Yesus.

Saat Anda menjalani empat puluh pokok doa ini setiap hari, Sabda akan menjadi cermin, Roh menjadi api Anda, dan Darah menjadi penutup Anda .

Suaramu akan kembali berwibawa.

Mimpi Anda akan dimurnikan.

Pikiran Anda akan diperbarui.

Dan rohmu akan naik ke tempat di mana Kristus telah mendudukkanmu — jauh di atas segala pemerintah dan penguasa.

Kalian tidak akan lagi bertarung dari tanah; kalian akan bertarung dari kemenangan.

Karena Ia, yang memanggil kamu, setia dan api-Nya masih terpancar dari segala penjuru mezbah yang rela berkorban.

Selamat datang di musim pembebasan total dan pemulihan ilahi.

Selamat datang di api yang membuatmu utuh.

DEDIKASI

Kepada setiap orang percaya yang telah berjuang dalam pertempuran tak terlihat dengan air mata di bantal mereka namun menolak untuk menyerah.

Kepada setiap jiwa yang berpuasa, berdoa, dan bertanya, "Mengapa perjuangan itu kembali?"

Bagi para pejuang yang telah berdiri di altar pembebasan tetapi masih merindukan perdamaian abadi — buku ini untuk Anda.

Kepada para pendoa syafaat yang memikul beban bangsa dan keluarga dalam doa rahasia,

untuk mereka yang kehilangan tidur karena berjuang untuk kebebasan orang lain,

kepada setiap pendeta, misionaris, dan pendeta yang telah melihat api menyala di mata yang lelah — api ini juga milik Anda.

Untuk mereka yang terluka namun masih percaya,

untuk mereka yang kuat namun masih menangis,

dan bagi mereka yang terpanggil yang masih menunggu —

Semoga kata-kata ini mengingatkan Anda bahwa Tuhan yang memanggil Anda ke medan perang tidak akan meninggalkan Anda tanpa kemenangan.

Buku ini didedikasikan untuk Gereja Sisa —

mereka yang tidak mau menyembah Baal dan tidak mengorbankan altar;

mereka yang akan hidup seperti api di dunia yang semakin dingin.

Kau adalah api yang menyala di tangan-Nya,

percikan yang akan menyalakan rumah, kota, dan bangsa dengan kemuliaan-Nya.

Semoga api yang menyala di halaman-halaman ini menemukan Anda, memenuhi Anda, dan mengalir melalui Anda — hingga dunia tahu bahwa Tuhan kita masih menjawab dengan api.

UCAPAN TERIMA KASIH

Kepada Roh Kudus, Sahabat dan Guru terbesarku —

Anda adalah Api di balik setiap kata, Suara di balik setiap bisikan, dan Kekuatan di balik setiap kemenangan.

Tanpa-Mu, halaman-halaman ini hanyalah tinta kosong; bersama-Mu, halaman-halaman ini terbakar dengan kehidupan.

Terima kasih untuk setiap wahyu, setiap malam doa, setiap beban yang berubah menjadi terobosan.

Segala kemuliaan kembali kepada-Mu.

Kepada Tuhan Yesus Kristus, Firman yang Hidup dan Kapten keselamatan kita —

Ketaatan-Mu menghancurkan perbuatan kegelapan, darah- Mu memeteraikan kebebasan kami, dan kebangkitan-Mu menjamin kekuasaan kami.

Semoga pekerjaan ini membawa banyak orang untuk hidup bukan hanya dalam pembebasan tetapi dalam persekutuan setiap hari dengan-Mu.

Kepada Bapa Cahaya, yang telah menjadi Perisaiku, Sumberku, dan Penopangku —

Setiap wawasan, setiap mukjizat, setiap kesaksian di halaman ini mengalir dari rahmat-Mu.

Terima kasih atas hak istimewa untuk melayani sebagai wadah kebenaran-Mu di generasi ini.

Bagi mereka yang telah berdiri di celah — para pendoa syafaat, pendeta, dan teman —

yang berdoa, berpuasa, dan memikul beban jiwa bersamaku:

Kesetiaan Anda adalah bagian dari api yang melahirkan buku ini.

Semoga kerja rahasiamu bersinar terang di hadapan Tuhan.

Kepada para pria dan wanita yang kisahnya menginspirasi halaman ini mereka yang bergulat sepanjang malam dan menemukan kemenangan saat fajar —

kesaksian Anda membuktikan bahwa pembebasan bukanlah mitos melainkan mukjizat yang masih terjadi ketika Firman bertemu dengan iman.

Kepada komunitas umat beriman global yang membaca ini —

Anda adalah alasan buku ini ditulis.

Tiap deklarasi, tiap ayat suci, dan tiap doa ditempa dengan mengingat Anda.

Semoga hatimu kembali terbakar dengan rasa lapar akan Tuhan,

dan semoga rumahmu menjadi altar hidup di mana api-Nya tidak pernah padam.

Akhirnya, kepada para hamba Tuhan yang tak terhitung jumlahnya di seluruh dunia

yang bekerja dengan tenang dalam pembebasan dan pemuridan —

ini pengingat bagimu: Pertempuran ini adalah milik Tuhan.

Api Anda tidak memudar; ia sedang dimurnikan.

Teruslah berjuang, teruslah berdoa, dan teruslah mengarahkan jiwa-jiwa kembali kepada Yesus —

karena Api yang sama yang memanggilmu masih menyala di dalam dirimu.

"Karena Allahlah yang mengerjakan di dalam kamu baik kemauan maupun pekerjaan menurut kerelaan-Nya." — Filipi 2:13

PERKENALAN

"Allah yang menjawab dengan api, biarlah Dia menjadi Allah." — 1 Raja-raja 18:24 (TB)

Halaman-halaman berikutnya bukanlah ritual atau formula; melainkan empat puluh pertemuan harian dengan Tuhan yang hidup.

Setiap deklarasi diambil dari Kitab Suci dan dibentuk untuk menuntun orang percaya menuju pertobatan yang lebih dalam, pembaruan, dan otoritas di dalam Kristus.

Api, di seluruh Alkitab, tidak pernah hanya menjadi simbol kehancuran.

Itu adalah tanda kehadiran, kekudusan, kemurnian, dan kuasa Tuhan.

Ketika Musa bertemu Tuhan, semak duri itu terbakar namun tidak hangus.

Ketika Roh turun pada hari Pentakosta, Ia datang sebagai lidah api.

Ketika para nabi berseru ke surga, api menjawab, membuktikan bahwa Tuhan yang sejati masih berkuasa.

Berdoa dengan bahasa api bukan berarti memanggil api duniawi, tetapi menyambut kehadiran Roh Kudus yang menyucikan, memurnikan, dan melindungi—

Api yang menyucikan dosa, melelehkan kesombongan, menghanguskan rasa takut, dan menempa keberanian.

Setiap orang percaya membutuhkan api ini:

api yang membakar kegelapan di dalam,

yang menyembuhkan jiwa yang terluka,

yang memulihkan persekutuan di mana kompromi pernah dijalani.

Empat puluh deklarasi harian ini akan membantu Anda menjaga api itu tetap menyala.

Bacalah bukan sebagai puisi, melainkan sebagai perjanjian;

ucapkan dengan lantang, percayalah, dan biarkan Roh Kudus berhembus melalui setiap kata hingga hatimu menjadi altar dan hidupmu menjadi nyala api.

TUJUAN PANDUAN INI

Setiap generasi menghadapi altar kegelapannya sendiri, tetapi jawabannya tidak pernah berubah—Tuhan masih menjawab dengan api.

Buku ini ada untuk membantu orang beriman menjalani realitas itu: bukan kegembiraan sesaat, tetapi transformasi yang bertahan lama.

Ini memiliki lima tujuan yang jelas:

1. Untuk Mengobarkan Kembali Altar Hati

Deklarasi ini mengajarkan Anda untuk mengubah doa harian menjadi persekutuan, bukan kinerja.

Api muncul saat pengorbanan dan penyerahan diri bertemu.

2. Menggantikan Ketakutan dengan Iman

Semakin Anda memandang Sang Sabda, semakin kecil gunung-gunung Anda tampak.

Terang Tuhan mengusir kebingungan; kebenaran-Nya memulihkan keberanian.

3. Untuk Mengubah Pembebasan Menjadi Pemuridan

Kebebasan sejati bukanlah satu momen dramatis—melainkan berjalan dengan Firman setiap hari sampai pikiran, kebiasaan, dan keinginan semuanya selaras dengan surga.

4. Untuk memperlengkapi para pendoa syafaat dan pelayan

Setiap deklarasi dapat digunakan secara pribadi atau bersama-sama, sebagai pola ibadah yang mengarahkan hati kembali kepada Kristus dan bukan kepada teknik manusia.

5. Untuk Membangun Restorasi Menyeluruh

Tujuannya bukan hanya untuk memutus rantai, tetapi untuk membangun kekuatan: semangat diperbarui, jiwa disembuhkan, dan tubuh selaras dengan tujuan.

CARA MENGGUNAKAN PANDUAN INI

1. Sucikan Waktu Anda

Pilihlah jam yang konsisten pada pagi dan sore hari.

Tenangkan kebisingan di sekitarmu; bawalah Alkitab dan pengharapan.

2. BACALAH KITAB SUCI dengan Keras

Setiap "Ada tertulis" adalah pedang yang ditempa di surga.

Biarkan telingamu mendengar suaramu menyatakan kebenaran Tuhan sampai iman bangkit.

3. Mengaku dan Bertaubat dengan Jujur

Pembebasan dimulai dengan kejujuran.

Saat terang menyingkapkan apa yang tersembunyi, Darah Yesus membersihkan setiap noda.

4. Doakan Deklarasi Api Secara Perlahan

Jangan terburu-buru. Ucapkan setiap baris seolah-olah Anda sedang meletakkan kayu di atas altar.

Biarkan Roh menyalakan kata-kata di dalam Anda.

5. Nyatakan Kemenangan dengan Berani

Berbicaralah sebagai orang yang telah menang, karena Kristus telah menang.

Pernyataan Anda menegaskan kemenangan-Nya.

6. Segel Setiap Sesi dengan Iman

Akhiri dengan rasa syukur dan ucapkan dengan lantang: "Oleh Darah, Firman, dan Roh, semuanya telah selesai."

Bayangkan hidup Anda dikelilingi oleh api suci kehadiran-Nya.

7. Hafalkan Satu Ayat Setiap Hari

Kata yang Anda ingat adalah senjata yang akan selalu Anda miliki.

Satu ayat yang dijalani dengan ketaatan lebih kuat daripada seribu ayat yang diucapkan tanpa iman.

8. Untuk Para Pemimpin dan Pendeta

Anda dapat menggunakan teks setiap hari sebagai renungan kelompok, pelajaran Alkitab, atau fokus doa.

Selalu tekankan pada Kitab Suci, pertobatan, dan ucapan syukur—jangan pernah pada tindakan ritual.

Kekuatannya ada pada Firman, Darah, dan Roh, bukan pada kinerja.

JANJI

Api Tuhan tidak pernah membakar tanpa tujuan; ia memurnikan untuk menampakkan emas.

Jika Anda mau menjalani keempat puluh deklarasi ini dengan hati terbuka, Api yang sama yang turun di altar Elia, memurnikan bibir Yesaya, dan memberi kuasa kepada para rasul akan bekerja di dalam Anda—membakar habis rasa takut, menyalakan kembali tujuan, dan memulihkan persekutuan dengan Kristus yang hidup.

"Allah kita adalah api yang menghanguskan." — Ibrani 12:29

UCAPAN SYUKUR DAN BERKAT TERAKHIR

Bacaan Alkitab: Mazmur 18: 28–32

"Karena Engkau akan menyalakan pelitaku; TUHAN, Allahku, akan menerangi kegelapanku... Allah, yang mengikat pinggangku dengan keperkasaan dan membuat jalanku sempurna."

DOA SYUKUR

Bapa Cahaya, terima kasih untuk empat puluh hari api dan pembaruan.

Terima kasih untuk setiap tembok yang runtuh, setiap rantai yang patah, setiap hati yang Kau pulihkan.

Kami memuliakan-Mu atas pembersihan garis keturunan, penyembuhan tubuh, kedamaian pikiran, dan pemulihan tujuan.

Biarkan api yang telah Kau nyalakan tidak pernah padam.

Biarkan sungai Roh mengalir tanpa halangan di setiap rumah dan setiap bangsa yang diwakili oleh doa-doa ini.

Jagalah kami agar selalu mengenakan senjata -Mu , berakar dalam Firman-Mu, dan dipenuhi dengan kasih-Mu hingga tiba Hari Kristus.

Doa

"Semoga Allah damai sejahtera, yang telah membangkitkan Yesus, Tuhan kita, dari antara orang mati, menyempurnakan kamu di dalam segala pekerjaan yang baik untuk melakukan kehendak-Nya." — Ibrani 13: 20-21

Semoga Tuhan memberkatimu dan menjagamu.

Semoga api-Nya senantiasa memurnikan engkau, Darah-Nya senantiasa menyelimuti engkau, dan Roh-Nya senantiasa menguatkan engkau.

Dalam nama Yesus yang agung — Amin.

BAB 1 - MENGAPA PEMBEBASAN GAGAL — DAN BAGAIMANA API ALLAH MEMULIHKAN JIWA - 40 Deklarasi Harian untuk Pembebasan yang Menyeluruh

Misteri Keajaiban yang Belum Selesai

Yesus sudah "memanggil kedua belas murid-Nya, lalu memberikan mereka tenaga dan wewenang atas semua setan dan untuk menyembuhkan penyakit-penyakit." — Lukas 9: 1-2.

Mereka keluar dan kembali dengan sukacita, tetapi tak lama kemudian seorang ayah berseru, "Aku sudah meminta murid-murid-Mu untuk mengusir setan itu, tetapi mereka tidak dapat." (ayat 40).

Orang-orang yang dulu menang kini tak berdaya.

Yesus mendesah,

" Hai kamu angkatan yang tidak percaya dan yang sesat, berapa lama lagi Aku harus tinggal di antara kamu dan sabar terhadap kamu?" — Lukas 9:41

Mereka masih memiliki kata-kata, tetapi mereka telah kehilangan Firman.

Kepercayaan telah hilang, keintiman telah mendingin.

Kewenangan tidak dapat hidup terpisah dari hubungan.

Iman timbul dari pendengaran, dan pendengaran oleh firman Kristus (Roma 10 : 17).

Tak ada Firman → tak ada iman. Tak ada iman → tak ada kuasa. Tak ada kuasa → tak ada kesembuhan.

Pembebasan hanya bertahan jika persekutuan bertahan, karena Firman itu adalah Kristus sendiri.

Pembaruan Pikiran

"Karena itu, saudara-saudara, demi kemurahan Allah aku menasihati kamu, supaya kamu mempersembahkan tubuhmu sebagai persembahan yang hidup, yang kudus dan yang berkenan kepada Allah: itu adalah ibadahmu yang sejati.

Dan janganlah kamu menjadi serupa dengan dunia ini, tetapi hendaklah kamu diubah oleh pembaharuan budimu." — Roma 12: 1-2

Transformasi dimulai ketika kesesuaian berakhir.

Pikiran yang diperbarui menjadi altar; kehidupan yang diserahkan menjadi pengorbanannya.

Pembebasan gagal ketika orang mengusir kegelapan tetapi menolak mengubah cara berpikir.

Tanpa pola baru, penjara lama dibuka kembali.

Yesus menggambarkan hal ini dalam Lukas 4.

Ketika dicobai Setan, Dia tidak membantah, panik, atau bernegosiasi.

Dia menjawab setiap serangan dengan tiga kata yang mengguncang neraka:

"Ada tertulis."

Musuh memanfaatkan nafsu, ambisi, dan kesombongan—tetapi Yesus menggunakan Kitab Suci seperti pedang:

"Manusia hidup bukan dari roti saja... Ada tertulis: Engkau harus menyembah Tuhan, Allahmu... Ada tertulis: Jangan mencobai Tuhan, Allahmu."

Kemenangan datang bukan karena berteriak, tetapi karena percaya dengan benar pada Kitab Suci.

Pikiran yang diperbarui oleh Firman menjadi tak tertembus; godaan kehilangan pijakannya ketika kebenaran memenuhi setiap pikiran.

Ketika Pagar Dirusak

"Siapa yang mendobrak pagar, dia akan dipagut ular." — Pengkhotbah 10: 8

Kehidupan batin kita adalah rumah dengan banyak ruangan.

Kita mungkin mempersembahkan ruang santai—ibadah umum kita—kepada Tuhan, namun membiarkan kamar tidur pikiran pribadi kita tidak dijaga.

Ular masuk melalui pintu-pintu yang ceroboh.

Pintu terbuka hari ini meliputi:

Permainan dan film yang mengagungkan rasa takut atau kekuatan gaib.

Musik dan buku yang merayakan dosa.

Pornografi, gosip, kemalasan, tidak berdoa, ketidaktaatan.

Ruangan mana pun yang kekurangan cahaya akan menjadi tempat tinggal bagi kegelapan.

Kisah 1: Seorang mukmin pernah berkata, "Mimpi burukku berhenti sampai aku kembali menonton film horor." Kebebasan tidak dicuri; melainkan direnggut.

Apa yang kita beri makan akan tumbuh; apa yang kita biarkan kelaparan akan mati.

Kejatuhan Pertama—Dan Setiap Kejatuhan Setelahnya

Sebelum manusia jatuh, Lucifer telah jatuh.

Dia adalah "kerub yang diurapi yang menutupi." — Yehezkiel 28:14.

Kesombongan berbisik lima kali, "Aku akan naik." — Yesaya 14: 13-14.

Wahyu 12 menunjukkan hasilnya: "Ia dilemparkan ke bumi, dan malaikat-malaikatnya dilemparkan bersama-sama dengan dia."

Kejatuhannya adalah kemerdekaan—impian kekuasaan tanpa penyerahan.

Setiap pemberontakan mengulanginya.

Pembebasan yang berakhir dengan mengandalkan diri sendiri, mencerminkan dosanya.

Kisah 2: Seorang pemimpin ibadah yang terbebas dari kecanduan menyombongkan diri, "Saya bisa mengatasinya sekarang." Beberapa bulan kemudian, ia jatuh lagi. Ia kehilangan bukan kasih karunia, melainkan ketergantungan.

Kebebasan hanya dapat dipertahankan melalui kerendahan hati.

Ketika Iman Menjadi Formula

Para pengikutnya mengulang metode kemarin, tetapi tidak persekutuan kemarin.

Banyak orang percaya melakukan hal yang sama—mengucapkan kata-kata yang tidak lagi mereka hidupi.

Iman bukanlah sihir; melainkan kepercayaan yang didukung oleh pendengaran.

Seorang pendeta pernah bertanya kepada seorang wanita yang menghadiri setiap ibadah pembebasan, "Apakah kamu membaca Firman setiap hari?" Wanita itu menjawab, "Tidak, aku mengandalkan doa-doamu." Pendeta itu berkata, "Kalau begitu, andalkan imanku, bukan imanmu sendiri."

Iman yang dipinjam tidak dapat menampung kebebasan yang dipinjam.

Pembebasan Tanpa Disiplin

Yesus memperingatkan bahwa hati yang kosong mengundang tamu yang kembali (Lukas 11: 24-26).

Doa mengusir kegelapan; disiplin menjaga terang tetap di dalam.

Kebebasan tumbuh subur ketika kekudusan rutin membangun tembok kebiasaan di sekitar kasih karunia.

Api yang Membuat Kebebasan Bertahan Lama

Ketika altar mendingin, lalat berkumpul.

Paulus mendesak, “Kobarkanlah karunia Allah.” — 2 Timotius 1: 6.

Beri makan api setiap hari:

Iman — bahan bakar.

Ibadah — oksigen.

Kekudusan — penahanan.

Hati yang berkobar dengan Firman dan penyembahan menjadi tanah yang tak tersentuh.

Jalan Menuju Pembebasan yang Sempurna

1. Bangun kembali hubungan. Tetaplah berpegang pada Firman sampai iman berkobar.

2. Jagalah Gerbangnya. Tutuplah pintu dosa secara visual, verbal, dan digital.

3. Hafalkan dan Nyatakan. Ucapkan satu ayat setiap pagi—pedangmu untuk hari ini.

4. BERJALANLAH DALAM Ketaatan. Setiap tindakan ketaatan memperbaiki tembok.

5. Jalani Hidup dengan Rasa Syukur. Rasa syukur menjaga suasana tetap cerah.

Panggilan untuk Menembak

Pesan ini tidak ditulis untuk menjelaskan kegagalan tetapi untuk memicu kemenangan.

Yesus mengatasi godaan dengan berkata, "Ada tertulis." Dia menyembuhkan anak laki-laki itu, yang tidak bisa disembuhkan orang lain karena Dia hidup penuh dengan Firman dan kasih sayang.

Api yang sama menanti setiap orang percaya yang menjaga Firman tetap hidup di dalam.

Empat Puluh Pernyataan Harian untuk Pembebasan Menyeluruh yang berikut adalah cetak biru Anda untuk pembaruan—empat puluh batu bata cahaya untuk membangun kembali rumah bagian dalam sampai setiap ruangan terbakar dengan kehadiran Kristus.

Hafalkan satu ayat setiap hari, ucapkanlah pada pagi dan malam hari, dan praktikkan kebenarannya.

Dalam empat puluh deklarasi iman dan fokus setiap hari, Anda tidak akan sekadar melawan kegelapan—Anda akan memancarkan cahaya.

40 Kata Harian, Pengakuan dan Pertobatan, Doa dengan Penolakan, Pernyataan, Penyegelan dan Ucapan Syukur

TITIK API 1 — API SUCI, TEMUKAN DAN HABISKAN SETIAP ALTAR YANG MEMANGGIL NAMAKU

Ada tertulis:

Karena Allah kita adalah api yang menghanguskan. — Ibrani 12:29

***Maka ketahuilah pada hari ini, bahwa TUHAN, Allahmu, Dialah yang berjalan di depanmu; seperti api yang menghanguskan, Ia akan membinasakan mereka dan akan merebahkan mereka di depan matamu. —** Ulangan 9: 3*

Pengakuan dan Pertobatan

Bapa, aku mengaku bahwa karena ketidaktahuan, ketakutan, dan dosa-dosa ayahku, telah didirikan altar-altar jahat yang menyebut namaku.

Aku mengakui setiap persekutuan dengan kegelapan — secara sadar atau tidak — dan aku memohon Darah Yesus atas hidupku, rumah tanggaku, dan garis keturunanku.

Ampunilah aku, ya Tuhan, karena aku percaya kepada manusia, karena aku mendatangi dukun, karena aku membuat sumpah yang ceroboh, atau karena aku menyentuh benda-benda najis.

Basuhlah aku, bersihkanlah aku, dan pisahkanlah aku dari setiap mezbah yang tidak dibangun oleh tangan-Mu.

DOA (DENGAN PENOLAKAN)

Ya Dewa Api, bangkitlah untukku hari ini!

Biarlah setiap altar, kuil, atau kuil laut yang menyebut namaku dimusnahkan sampai ke akar-akarnya.

Biarlah api Roh Kudus mengalir melalui sungai-sungai, gunung-gunung, dan tanah leluhur, membakar setiap catatan kejahatan, setiap korban, setiap patung, dan setiap pendeta yang memohon kepadaku.

Aku meninggalkan semua perjanjian, sumpah darah, dan pengabdian yang mengikatku pada altar-altar itu.

Biarlah guntur Tuhan menjawab pertanyaanku; biarlah kilat menghamburkan pertemuan mereka; biarlah tanda-tanda mereka meleleh bagai lilin di hadapan api.

Setiap berhala yang menyebut namaku di malam hari, biarlah api Tuhan membungkamnya selamanya.

Pernyataan

Aku tersembunyi dalam api Yang Mahakuasa.

Namaku sekarang tertulis dalam api surgawi.

Tak ada altar, tak ada pendeta, tak ada setan yang dapat memanggilku lagi.

Tuhan sendiri mengelilingiku dengan api kemuliaan, dan aku bebas.

Segel

Dengan Darah Yesus, dengan Firman kesaksianku, dan dengan Api Roh yang kekal, aku menyegel pembebasan ini.

Malaikat api, berkemah di sekitarku dan rumahku.

Semoga setiap upaya kegelapan menemui tembok api ilahi. Amin.

HARI PENGUCAPAN SYUKUR

Bapa, aku bersyukur kepada-Mu, karena setiap altar kejahatan telah berubah menjadi abu dan setiap tuduhan telah dihancurkan.

Milikmulah kerajaan, kuasa, dan kemuliaan sampai selama-lamanya. Amin.

TITIK API 2 — API TUHAN, BERSIHKAN GARIS DARAHKU DARI PENCEMARAN DAN PERJANJIAN

Ada tertulis:

Karena Ia seperti api pemurni logam, dan Ia akan duduk seperti orang yang memurnikan dan mentahirkan perak. — Maleakhi 3: 2-3

maka Aku akan lewat dari pada kamu, dan tulah itu tidak akan menimpa kamu untuk membinasakan kamu. — Keluaran 12:13

Pengakuan dan Pertobatan

Tuhan Yesus, aku berdiri mewakili diriku sendiri dan leluhurku.

Kami telah beribadah kepada allah lain, menumpahkan darah orang yang tidak bersalah, dan bersumpah kepada berhala-berhala.

Aku bertobat, ya Tuhan, dan memohon Darah Yesus atas keturunanku.

Bersihkan fondasiku, sucikan DNA-ku, dan singkirkan setiap warisan iblis.

Doa (dengan Penolakan)

Api Roh Kudus, lewatilah garis keturunanku sekarang!

Telusurilah asal usulku, genku, dan generasi-generasiku; bakar habis setiap ular, jimat, dan tanda perjanjian.

Saya meninggalkan dan mencela setiap sumpah leluhur dengan berhala, air, dan roh orang mati.

Biarlah api yang jatuh di Gunung Karmel menimpa setiap mezbah dalam leluhurku.

Setiap roh yang mengaku pemilik keluargaku—lepaskan kami dan bakar!

Biarkan Darah Yesus menulis ulang kode genetik saya dengan kekudusan dan terang.

Pernyataan

Darahku disucikan; garis keturunanku ditebus.

Kutukan telah dipatahkan; berkat mengalir.

Saya dicangkokkan ke dalam garis keturunan kerajaan Kristus.

Segel

Dengan Darah yang berbicara hal-hal yang lebih baik daripada darah Habel dan dengan Api yang menyucikan , aku dan benihku dimeteraikan bagi Tuhan. Amin.

Hari Pengucapan Syukur

Terima kasih, Bapa, karena Engkau telah mematahkan kuk leluhurku dan menjadikan aku bejana yang layak untuk kemuliaan-Mu.

TITIK API 3 — API SUCI, MENGHABISKAN SETIAP PASANGAN ROH DAN PERSATUAN YANG JAHAT

Ada tertulis:

Karena yang menjadikanmu adalah suamimu; TUHAN semesta alam adalah nama-Nya. — Yesaya 54: 5

Siapakah yang dapat berdiri di hadapan murka-Nya? Siapakah yang dapat tinggal dalam kegeraman murka-Nya? Murka-Nya tercurah seperti api. — Nahum 1: 6

Pengakuan dan Pertobatan

Tuhan Yesus, aku mengakui setiap dosa seksual, mimpi bertemu, atau hasrat tersembunyi yang membuka pintu menuju pasangan rohani.

Ampunilah aku dan basuhlah tubuh, jiwa, dan rohku dengan Darah-Mu yang berharga.

Aku serahkan kasih sayangku hanya kepada-Mu.

Doa (dengan Penolakan)

Dengan Api Roh Kudus, saya meninggalkan setiap suami rohani, istri rohani, dan perjanjian laut.

Biarkan api Tuhan turun ke atas setiap tempat tidur yang kotor, setiap cincin, pakaian, dan altar pernikahan di laut.

Biarkan roh-roh itu mendengar penghakiman Salib—Kamu diceraikan, diusir, dan dihancurkan oleh api!

Ya Tuhan, kirimkanlah angin puyuh-Mu ke dalam air; biarlah pedang-Mu memutuskan setiap ikatan antara aku dan kerajaan kegelapan.

Pernyataan

Aku bertunangan dengan Yesus Kristus saja.

Tubuhku adalah bait Roh Kudus.

Mimpiku menjadi suci, malamku menjadi damai.

Tak akan ada lagi pasangan yang jahat mendekati rumahku.

Segel

Dengan Darah dan Api aku menyegel perjanjian pernikahanku dengan Anak Domba.

Biarlah pedang berapi menjaga setiap gerbang hidupku. Amin.

Hari Pengucapan Syukur

Terima kasih, Tuhan, karena Engkau telah memberikan aku persatuan yang kudus dengan-Mu dan memulihkan kemurnianku selamanya.

TITIK API 4 — API TUHAN, BAKAR SETIAP PERJANJIAN JAHAT YANG DIPERBARUI DALAM MIMPIKU

Ada tertulis:

Karena Allah berfirman sekali, bahkan dua kali... Dalam mimpi, dalam penglihatan malam, untuk menarik manusia dari tujuannya. — Ayub 33 : 14-17

Atas orang-orang fasik Ia akan menghujani orang-orang fasik dengan jerat, api dan belerang. — Mazmur 11: 6

Pengakuan dan Pertobatan

Bapa, aku mengaku bahwa aku telah lalai terhadap transaksi-transaksi setan dalam tidurku.

Maafkanlah kecerobohanku; maafkanlah pintu-pintu yang kutinggalkan terbuka karena ketakutan, hawa nafsu, atau ketidakpercayaan.

Aku mohon Darah Yesus atas gerbang mimpiku.

Doa (dengan Penolakan)

Wahai Api Tuhan, masuklah ke alam mimpiku!

Setiap perjanjian yang diperbarui melalui makanan, seks, atau tulisan tangan dalam mimpi sekarang dihapus oleh Api.

Saya membatalkan setiap kontrak yang ditandatangani dalam roh saat saya tidur.

Biarkan api Tuhan turun ke atas setiap pertemuan marinir, setiap pasar sihir, setiap ruang sidang setan yang menyandang namaku—habisi mereka sepenuhnya!

Biarkan malaikat api berpatroli dalam tidurku mulai malam ini dan seterusnya.

Pernyataan

Mimpiku adalah milik Roh Kudus.

Tak ada tangan gelap yang dapat menuliskan takdirku lagi.

Malam disucikan oleh Api; pagi hari dipenuhi dengan cahaya.

Segel

Aku menyegel mimpiku dengan Darah Yesus dan Api Tuhan.

Hanya pesan dari surga yang diizinkan untuk selanjutnya. Amin.

Hari Pengucapan Syukur

Terpujilah TUHAN, yang mengaruniakan tidur kepada orang-orang yang dicintai-Nya; bagi-Nya puji-pujian selama-lamanya.

TITIK API 5 — API YEHUWA, MEMBONGKAR DAN MENGHABISKAN ROH-ROH PEMANTAUAN

Ada tertulis:

Tidak ada sesuatu pun yang tertutup yang tidak akan dibuka dan tidak ada sesuatu pun yang tersembunyi yang tidak akan diketahui. — Lukas 12 : 2

Api menjalar di hadapan-Nya dan menghanguskan semua musuh-Nya di sekeliling. — Mazmur 97: 3

Pengakuan dan Pertobatan

Tuhan, aku mengakui setiap keingintahuan yang membuka pintu—astrologi, ramalan nasib, nasihat yang tidak suci.

Ampunilah aku, dan demi Darah-Mu tutuplah setiap saluran pengawasan yang telah dieksploitasi musuh.

Doa (dengan Penolakan)

Api Yehuwa, bangkitlah dan singkapkan setiap roh pemantau yang ditugaskan mengawasi gerak-gerikku, keluargaku, dan doaku!

Biarkan mata kegelapan menjadi buta; biarkan telinga setan menjadi tuli.

Setiap cermin, kristal, hewan, atau teknologi yang digunakan untuk melacakku—terbakar habis sekarang!

Saya menolak setiap aliansi yang memberikan akses terhadap hidup saya, secara sadar atau tidak sadar.

Ya Tuhan, selubungi aku dengan tiang api-Mu; biarlah setiap kekuatan yang menyelidiki menjadi bingung.

Pernyataan

Aku tak terlihat oleh kegelapan, tak tersentuh setan, dan tersembunyi di dalam Kristus.

Suasanaku membara dengan kehadiran Tuhan.

Segel

Demi Darah, Firman, dan Api, aku tetapkan kebutaan abadi atas semua pengamat jahat.

Api Roh Kudus adalah naunganku. Amin.

Hari Pengucapan Syukur

Terima kasih, Bapa, karena Engkau telah mengubah setiap mata orang jahat menjadi abu dan mengelilingiku dengan cahaya.

TITIK API 6 — API PEMBEBASAN, PUTUS RANTAI KETERLAMBATAN DAN KESTABILAN

Ada tertulis:

Dan akan terjadi pada waktu itu, bahwa bebannya akan terangkat dari bahumu, dan kuknya dari tengkukmu, dan kuk itu akan hancur karena pengurapan. — Yesaya 10:27

Allah kita adalah api yang menghanguskan. — Ibrani 12:29

Pengakuan dan Pertobatan

Bapa, aku mengaku bahwa ketidakpercayaan, ketakutan, dan ketidaktaatan telah memperlambat langkahku.

Keluarga saya juga berjalan berputar-putar, mengulang pola kegagalan.

Ampunilah kami, ya Tuhan.

Basuhlah aku dalam Darah Yesus, dan bersihkanlah aku dari segala kemalasan rohani dan penundaan yang disertai penundaan.

Doa (dengan Penolakan)

Wahai Api Pembebasan, patahkanlah setiap rantai tak kasat mata yang membelenggu kemajuanku!

Biarkan setiap gerbang besi penundaan dilelehkan oleh Api Suci.

Saya menolak setiap perjanjian kelambatan, setiap dekrit kelautan "belum", setiap sumpah leluhur yang menyatakan stagnasi.

Biarkan api surga melahap roh-roh yang menghalangiku.

Aku tetapkan percepatan dengan kereta perang api; aku bergerak maju dalam takdir.

Setiap berkas promosiku tergeletak di meja-meja setan—bakar sekarang!

Pernyataan

Saya dilahirkan untuk bergerak, bukan untuk stagnan.

Angin Roh mendorong saya; Api Tuhan memberdayakan saya.

Saya menyalip saat saya tertunda, dan saya memulihkan waktu yang hilang.

Segel

Dengan Darah Yesus, dengan Firman Tuhan, dan dengan Api Roh, aku menyegel pembebasan ini.

Jalanku bersinar semakin terang menuju hari yang sempurna. Amin.

Hari Pengucapan Syukur

Bapa, terima kasih karena Engkau telah menghancurkan rantai penundaan dan memberiku sayap kecepatan ilahi.

TITIK API 7 — API ROH, MENGUBAH DEWA-DEWA RUMAH TANGGA DAN ROH-ROH YANG KELUARGA

Ada tertulis:

Mereka akan melemparkan berhala-berhala mereka kepada tikus tanah dan kelelawar. — Yesaya 2 : 20

Dan Aku akan melenyapkan nama-nama berhala dari negeri itu, sehingga tidak akan diingat lagi. — Zakharia 13 : 2

Pengakuan dan Pertobatan

Bapa, aku mengakui dosa-dosa leluhurku—penyembahan berhala, persembahan rahasia, jimat, dan patung.

Saya bertobat untuk setiap objek pengabdian yang diwarisi atau dikagumi.

Demi Darah Yesus, aku meninggalkan berhala-berhala rumah ayahku serta roh-roh jahat yang ada dalam garis keturunan kami.

Doa (dengan Penolakan)

Wahai Roh Api, masuklah ke dalam fondasiku dan gulingkan takhta para dewa rumah tangga!

Setiap berhala yang menyerukan pelayanan atau pengorbanan—terima api dan musnah!

Setiap roh yang dikenal berpose sebagai penolong, setiap topeng leluhur—bakar!

Saya melepaskan kepemilikan Anda; Saya menghancurkan hak hukum Anda.

Biarkan api suci menyapu altar, makam, gambar, jimat.

Biarlah garis keturunanku menjadi garis keturunan para nabi dan imam bagi Tuhan.

Pernyataan

Hanya TUHAN saja yang menjadi Tuhan atas garis keturunanku.

Api kebangkitan berkobar di rumah tanggaku.

Tidak akan ada lagi berhala yang berkuasa di tengah-tengah kita.

Segel

Dengan Darah yang menebus dan Api yang menguduskan, aku menyegel pembebasan ini.

Semoga nama Yesus tetap di pintu gerbang kita selamanya. Amin.

Hari Pengucapan Syukur

Terima kasih, Bapa, karena Engkau telah menyingkirkan berhala-berhala dan mengangkat Diri-Mu sebagai Raja dalam keluargaku.

TITIK API 8 — API SUCI, HANCURKAN SUARA TUDUHAN DAN HUKUMAN

Ada tertulis:

Siapakah yang akan menggugat orang- orang pilihan Allah? Allah sendirilah yang membenarkan mereka. — Roma 8:33

Dan TUHAN berfirman kepada Iblis: "Kiranya TUHAN menghardik engkau, hai Iblis!" — Zakharia 3 : 2

Pengakuan dan Pertobatan

Bapa yang adil, aku mengakui pelanggaran dan kekuranganku.

Jika kata-kata dan perbuatanku memberi alasan kepada musuh untuk menuduh, maafkanlah aku.

Saya mohon Darah Yesus atas setiap catatan dosa, dan saya bertobat dari setiap kesalahan yang belum diakui.

Doa (dengan Penolakan)

Api Tuhan, bakarlah gulungan tuduhan itu!

Setiap tulisan tangan, peraturan yang ditujukan kepadaku, akan dihapuskan dengan api dan darah.

Setiap istana iblis berkumpul untuk menghukumku—berhamburan oleh guntur!

Saya meninggalkan rasa bersalah, malu, dan mengutuk diri sendiri.

Biarkan suara Salib membungkam setiap suara jurang.

Pernyataan

Saya dibenarkan oleh iman, dibasuh oleh Darah, dan dikenakan kebenaran.

Karena itu sekarang tidak ada penghukuman bagiku di dalam Kristus Yesus.

Para penuduhku terdiam di hadapan Hakim semuanya.

Segel

Dengan Darah, Firman, dan Api, aku memeteraikan pembebasanku di surga dan di bumi.

Palu kasih karunia telah dipukul; aku bebas selamanya. Amin.

Hari Pengucapan Syukur

Terima kasih, Tuhan, karena telah membungkam setiap penuduh dan mengganti penghakiman dengan belas kasihan.

TITIK API 9 — API TUHAN, KEMBALIKAN KEBAIKAN DAN KEMULIAANKU YANG TELAH DICURI

Ada tertulis:

Dan Aku akan memulihkan kepadamu tahun-tahun yang hasilnya dimakan habis oleh belalang itu. — Yoel 2 : 25

Kemuliaan rumah yang terakhir ini akan lebih besar dari pada yang pertama, firman TUHAN semesta alam. — Hagai 2: 9

Pengakuan dan Pertobatan

Bapa, aku mengakui bahwa kecerobohan dan kompromi telah memungkinkan musuh mencuri dariku—kebajikanku, kegembiraanku, kehormatanku .

Maafkanlah aku dan bersihkanlah aku dengan Darah.

Saya menolak setiap transaksi yang menukar kemuliaan saya dengan rasa malu.

Doa (dengan Penolakan)

Api Suci, jelajahilah perairan dan tempat-tempat rahasia di mana kebajikan dan bintangku terkubur.

Pulihkan mereka dengan api!

Setiap gudang angkatan laut yang menyimpan berkatku—terbakar menjadi abu!

Aku memanggil kembali cahayaku, anugerahku, bantuanku , mahkotaku.

Aku meninggalkan pencuri dan setiap perjanjian yang mendatangkan kerugian.

Biarlah terjadi pemulihan tujuh kali lipat menurut Firman Tuhan.

Pernyataan

Kemuliaanku dipulihkan; kehormatanku bersinar.

Embun surga kembali membasahi diriku.

Di mana pun saya ditolak, kini saya dirayakan.

Segel

Dengan Darah Yesus dan Api pemulihan, kutetapkan kemuliaanku terjamin selamanya. Amin.

Hari Pengucapan Syukur

Terima kasih, Bapa, karena menebus kebajikanku dan memahkotai aku kembali dengan kasih sayang.

TITIK API 10 — API TUHAN, MENGHABISKAN RASA TAKUT DAN TEROR MALAM

Ada tertulis:

Jangan takut terhadap kedahsyatan malam, terhadap panah yang terbang di waktu siang. — Mazmur 91: 5

TUHAN adalah terangku dan keselamatanku; kepada siapakah aku harus takut? TUHAN adalah benteng hidupku; terhadap siapakah aku harus gemetar? — Mazmur 27: 1

Pengakuan dan Pertobatan

Tuhan, aku mengaku bahwa ketakutan telah menguasai malam-malamku dan kecemasan telah mencuri istirahatku.

Maafkan ketidakpercayaanku.

Aku mohon Darah Yesus atas hatiku, kamarku, dan mimpi-mimpiku.

Doa (dengan Penolakan)

Wahai Api Tuhan, menyapulah rumahku!

Bakar setiap roh ketakutan, setiap mimpi buruk, setiap kehadiran iblis yang menyiksa.

Saya meninggalkan ikatan terhadap teror dan roh kematian.

Biarkan api-Mu menciptakan kedamaian di sekelilingku seperti dinding cahaya.

Biarkan setiap bisikan ketakutan dibungkam oleh guntur.

Pernyataan

Kedamaian Allah memelihara pikiranku; Tuhan sendirilah terangku.

Aku berbaring dengan aman, dan aku bangun dalam kemuliaan.

Tak akan ada teror yang menghampiri malamku lagi.

Segel

Dengan Darah Yesus dan Api Roh Kudus, kusegel pikiranku, tempat tidurku, dan suasana hatiku dengan kedamaian ilahi. Amin.

Hari Pengucapan Syukur

Terima kasih, Bapa, karena Engkau telah mengubah kegelapan menjadi terang dan ketakutan menjadi iman.

TITIK API 11 — API SUCI, PERBARUI PIKIRANKU DAN BAKARLAH PENIPUAN

Ada tertulis:

"Janganlah kamu menjadi serupa dengan dunia ini, tetapi hendaklah kamu diubah oleh pembaharuan budimu." — Roma 12: 2

"Bila firman-firman-Mu masuk, teranglah terang itu." — Mazmur 119 : 130

Pengakuan dan Pertobatan

Tuhan Yesus, aku mengaku bahwa aku sering kali lebih percaya pada suara-suara ketakutan dan kegagalan ketimbang Firman-Mu.

Maafkanlah aku atas setiap pikiran yang meninggikan diri melawan pengetahuan tentang Tuhan.

Cucilah pikiranku dengan Darah-Mu yang berharga dan bersihkan hatiku dengan api suci.

Doa Api Suci

Bapa, biarlah kebenaran-Mu turun seperti lidah api ke dalam pikiranku.

Di mana kegelapan membangun benteng keraguan, biarlah terang Sabda-Mu menyalakan ciptaan baru.

Mengonsumsi kebohongan yang mengatakan bahwa saya tidak berharga, tidak ada harapan, atau ditinggalkan.

Biarkan api melewati koridor ingatan dan membakar setiap identitas palsu menjadi abu.

Aku membuka pikiranku kepada Roh Kebenaran — ajari aku, ubahlah aku, bebaskan aku.

Deklarasi Kemenangan

Pikiranku diperbarui; pikiranku diurapi dengan terang.

Saya memikirkan pikiran Kristus dan berjalan dalam damai-Nya.

Segel

Oleh Darah Anak Domba dan Firman kebenaran, pikiranku dipagari dengan api surgawi. Amin.

Hari Pengucapan Syukur

Terima kasih, Tuhan, karena Engkau mengubah kebingungan menjadi kejelasan dan memenuhi aku dengan pikiran Kristus.

TITIK API 12 — API KEKUDUSAN, BERSIHKAN HATIKU DARI KEMARAHAN DAN KEPAHITAN

Ada tertulis:

"Segala kepahitan, kegeraman dan kemarahan hendaknya dibuang jauh dari dirimu." — Efesus 4 : 31

"Ciptakanlah hatiku yang bersih, ya Allah." — Mazmur 51:10

Pengakuan dan Pertobatan

Bapa yang penuh belas kasihan, saya akui bahwa kebencian dan ketidakmauan untuk mengampuni telah bersemayam di hati saya.

Maafkanlah daku karena memendam kepedihan sementara Engkau menginginkan kedamaian.

Saya mohon Darah Yesus untuk membersihkan emosi dan ingatan saya.

Doa Api Suci

Tuhan, kirimkanlah api pemurni-Mu ke tempat-tempat tersembunyi dalam jiwaku.

Biarkan api cinta melelehkan setiap dendam dan amarah.

Ubahlah abu pelanggaran menjadi minyak belas kasihan.

Ajarilah aku untuk mengampuni sebagaimana Engkau telah mengampuniku di kayu Salib.

Deklarasi Kemenangan
Hatiku bersih, jiwaku benar.
Kedamaian mengalir seperti sungai dalam diriku.
Segel
Demi Darah dan api suci, kepahitan tak lagi berakar dalam diriku. Amin.
Hari Pengucapan Syukur
Terima kasih, Tuhan, karena telah menggantikan amarah dengan cinta dan air mata dengan sukacita.

TITIK API 13 — API TUJUAN, NYALAKAN PANGGILAN DAN TAKDIRKU

Ada tertulis:

"Jika tidak ada wahyu, maka binasalah rakyat." — Amsal 29 : 18

"Cinta untuk rumah-Mu telah menghanguskan aku." — Mazmur 69: 9

Pengakuan dan Pertobatan

Tuhan, aku mengakui kelambananku untuk taat dan ketakutanku untuk melangkah ke dalam kehendak-Mu.

Maafkanlah diriku karena telah mengubur talenta yang telah Kau berikan.

Bersihkan aku dari kemalasan dan keraguan.

Doa Api Suci

Ya Allah Elia, kirimkanlah api ke atas mezbahku lagi.

Bangunkan setiap anugerah, setiap mimpi, setiap tugas yang tertulis di surga tentangku.

Biarlah semangat suci membakar ketidakpedulian; biarlah gairah untuk jiwa membakarku.

Saat aku kehilangan fokus, mataku kembali tertuju pada Yesus.

DEKLARASI KEMENANGAN

Aku adalah api di tangan Tuhan.

Tujuan masih hidup dalam diriku; hari-hariku diatur oleh Tuhan.

Segel

Oleh Darah Yesus dan Api Roh-Nya, takdirku dimeteraikan dalam kemuliaan. Amin.

Hari Pengucapan Syukur

Terima kasih, Bapa, karena telah menyalakan kembali cinta pertamaku dan mengurapi aku agar memberi dampak.

TITIK API 14 — API PERSEDIAAN, HANCURKAN RASA TAKUT AKAN KEKURANGAN

Ada tertulis:

"TUHAN akan memerintahkan berkat kepadamu di lumbung-lumbungmu." — Ulangan 28 : 8

" Tetapi Allahku akan memenuhi segala keperluanmu menurut kekayaan dan kemuliaan-Nya dalam Kristus Yesus." — Filipi 4:19

Pengakuan dan Pertobatan

Bapa, ampuni hamba karena meragukan pemeliharaan-Mu dan terlalu erat berpegang pada apa yang hamba miliki.

Bersihkanlah aku dari keserakahan dan ketidakpercayaan, ajarilah aku rasa cukup.

Doa Api Suci

Tuhan sumber kelimpahan, biarlah api keimanan membakar habis rasa takut akan hari esok.

Bukalah mataku untuk melihat sumber daya yang telah Kau tempatkan di tanganku.

Bakar habis setiap kutukan pemborosan dan kemiskinan.

Perintahkanlah berkat -Mu atas hasil kerja tanganku dan jadikanlah aku berkat bagi orang lain.

Deklarasi Kemenangan

Tuhan adalah Gembalaku, takkan kekurangan aku.

Cangkirku melimpah ; aku hidup dalam kecukupan ilahi.

Segel

Dengan Darah dan Firman janji, Api pemeliharaan melingkupi hidupku. Amin.

Hari Pengucapan Syukur

Terima kasih, Tuhan, karena Engkau mengubah kekurangan menjadi kelimpahan dan mengajarku untuk percaya pada kebaikan-Mu.

TITIK API 15 — API KEMURNIAN, KUDUSKAN MATA DAN KEINGINANKU

Ada tertulis:

"Berbahagialah orang yang suci hatinya, karena mereka akan melihat Allah." — Matius 5: 8

"Maka jauhkanlah mataku dari melihat kesia-siaan, dan hidupkanlah aku di jalan-Mu." — Mazmur 119: 37

Pengakuan dan Pertobatan

Bapa Suci, aku mengakui pandangan dan pikiran kotor yang telah mendukakan Roh-Mu.

Aku bertobat atas setiap gambaran dan keinginan yang telah menajiskan jiwaku.

Basuhlah aku dengan Darah-Mu dan pulihkan kepolosan di hatiku.

Doa Api Suci

Roh kekudusan, kirimkanlah api-Mu melalui imajinasiku.

Bakar habis hawa nafsu dan kesombongan, sucikanlah nafsuku hingga aku hanya menginginkan-Mu.

Biarkan api-Mu menjaga mataku tetap tertuju pada Yesus.

Kenakanlah aku dengan cahaya yang begitu murni sehingga kegelapan tak dapat melekat padaku.

DEKLARASI KEMENANGAN

Tubuhku adalah bait Roh Kudus.

Aku dikhususkan untuk digunakan oleh Sang Guru.

Kemurnian dan kekuatan berjalan bersama dalam diriku.

Segel

Oleh Darah Yesus dan Api pengudusan, aku tetap kudus dan tak bercacat. Amin.

Hari Pengucapan Syukur

Terima kasih, Tuhan, karena telah membuat hatiku menjadi tempat kediaman kehadiran-Mu.

TITIK API 16 — API KEKUATAN, PUTUSKAN SEMANGAT KELELAHAN

Ada tertulis:

orang yang menanti-nantikan TUHAN akan mendapat kekuatan baru." — Yesaya 40:31

karena TUHAN adalah kekuatanmu." — Nehemia 8:10

Pengakuan dan Pertobatan

Bapa, maafkanlah gerutuan dan kegundahan hatiku.

Saya akui bahwa saya mengandalkan kekuatan saya sendiri.

Bersihkan aku dan hembuskan kehidupan baru ke dalam jiwaku.

Doa

Wahai Api Kekuatan, serahkan padaku sekarang.

Membakar habis rasa lelah dan putus asa.

Berikanlah aku tenaga ilahi agar aku dapat berlari dan tak menjadi lelah, agar aku dapat berjalan dan tak menjadi pingsan.

Pernyataan

Aku kuat di dalam Tuhan dan di dalam kuasa kuasa-Nya.

Kegembiraannya memperbarui saya setiap hari.

Segel

Oleh Darah Anak Domba dan Firman janji-Nya, aku dimeteraikan dalam kekuatan supernatural. Amin.

Hari Pengucapan Syukur

Terima kasih, Tuhan, karena Engkau mengangkat kepalaku dan mengenakan aku kekuatan.

TITIK API 17 — API PERSATUAN, SEMBUHKAN HUBUNGANKU

Ada tertulis:

"Jika mungkin, kalau itu bergantung padamu, hiduplah dalam perdamaian dengan semua orang." — Roma 12:18

" Berusahalah memelihara kesatuan Roh oleh ikatan damai sejahtera." — Efesus 4 : 3

Pengakuan dan Pertobatan

Tuhan, aku mengakui di mana kesombongan, kecemburuan, atau kata-kata kasar telah melukai orang lain.

Maafkanlah aku dan ajarilah aku kerendahan hati Kristus.

Doa

Wahai Api Cinta, lelehkanlah tembok pemisah antara aku dan orang-orang yang telah aku sakiti.

Biarkan pengampunan mengalir dua arah.

Biarkan setiap keluarga dan persekutuan yang terpecah karena perselisihan dipulihkan dalam api kedamaian-Mu.

Pernyataan

Saya seorang pembawa damai dan pembawa rekonsiliasi.

Dimana pun aku berjalan, cinta Tuhan berkuasa.

SEGEL

Dengan Darah dan Api, aku menyegel hubungan-hubunganku dalam belas kasih dan pengertian. Amin.

Hari Pengucapan Syukur

Terima kasih, Tuhan, karena telah menyembuhkan hati dan mengikat kami bersama dalam kasih-Mu.

TITIK API 18 — API KEBAHAGIAAN, PULIHKAN IBADAH DAN KEBAHAGIAANKU

Ada tertulis :

"Di hadapan-Mu ada sukacita yang berlimpah." — Mazmur 16:11 senantiasa di dalam Tuhan ! Dan lagi aku katakan: Bersukacitalah!" — Filipi 4: 4

Pengakuan dan Pertobatan

Ya Bapa, ampunilah sikapku yang dingin dalam beribadah dan rohku yang bersungut-sungut.

Aku bertobat karena melayani-Mu tanpa sukacita.

Doa

Roh Tuhan yang Hidup, nyalakan kembali api pujian dalam diriku.

Biarkan abu keputusasaan berganti menjadi lagu-lagu kemenangan.

Penuhi mulutku dengan ucapan syukur, penuhi tanganku dengan kekaguman.

Pernyataan

Aku hendak memuji Tuhan pada segala waktu; pujian kepada-Nya tetap di dalam mulutku.

Kebahagiaanku penuh dan tak tersentuh.

Segel

Dengan Darah Anak Domba dan minyak sukacita, pujianku dimeteraikan untuk selamanya. Amin.

Hari Pengucapan Syukur

Terima kasih, Tuhan, karena telah memberikanku pakaian pujian untuk roh yang berat.

TITIK API 19 — API KEBERANIAN, PATAHKAN KEKUATAN RASA TAKUT DAN INTIMIDASI

Ada tertulis:

"Sebab Allah memberikan kepada kita bukan roh ketakutan, melainkan roh yang membangkitkan kekuatan, kasih dan ketertiban." — 2 Timotius 1 : 7

"Jadilah kuat dan teguh hati, jangan takut." — Yosua 1: 9

Pengakuan dan Pertobatan

Tuhan, aku mengaku bahwa ketakutan telah membatasi ketaatanku dan membungkam kesaksianku.

Maafkan aku karena meragukan kehadiran-Mu.

Doa

Wahai Api Keberanian, jatuhlah padaku.

Bakar rasa malu dan bangkitkan iman yang berani.

Biarlah singa Yehuda mengaum di dalam diriku melawan setiap ancaman kegelapan.

Pernyataan

Saya tidak takut, teguh hati, dan penuh iman.

Tuhan menyertai aku; oleh karena itu aku tidak akan goyah.

SEGEL

Oleh Darah, Firman, dan Api, hatiku dimeteraikan dalam keberanian yang kudus. Amin.

Hari Pengucapan Syukur

Terima kasih, Tuhan, karena telah mengubah ketakutanku menjadi iman yang tak kenal takut.

TITIK API 20 — API PERWALIAN, KELILINGI RUMAHKU DAN ORANG-ORANG TERCINTAI

Ada tertulis:

"Karena Aku, firman TUHAN, akan menjadi tembok api sekelilingnya." — Zakharia 2: 5

"Malaikat TUHAN berkemah di sekeliling orang-orang yang takut akan Dia dan menyelamatkan mereka." — Mazmur 34: 7

Pengakuan dan Pertobatan

Bapa, ampuni segala kelalaian dalam mendoakan rumah tanggaku.

Cucilah gerbang dan tembok kami dengan Darah Yesus.

Doa

Ya Tuhan Semesta Alam, kelilingi rumahku dengan api-Mu yang hidup.

Biarkan setiap pintu masuk ditutupi oleh Darah.

Biarkan kedamaian berkuasa di dalam tembok kita dan kebenaran di dalam hati kita.

Usir jauh-jauh setiap pengaruh kekerasan, perpecahan, atau keputusasaan.

Pernyataan

Rumahku adalah milik Tuhan.

Para malaikat mengawasi; kedamaian bersemayam; kemuliaan tetap ada.

Segel

Dengan Darah, Firman, dan Api, aku menyegel tempat tinggalku dalam perlindungan ilahi. Amin.

Hari Pengucapan Syukur

Terima kasih, Tuhan, karena Engkau telah menjadikan tempat kediamanku sebagai tempat kudus bagi kehadiran-Mu.

TITIK API 21 — API PEMULIHAN MELALUI GARIS KELUARGA SAYA

Ada tertulis:

"Dan Aku akan memulihkan kepadamu tahun-tahun yang hasilnya dimakan habis oleh belalang." — Yoel 2 : 25

"Benih orang benar akan diselamatkan." — Amsal 11 : 21

Pengakuan dan Pertobatan

Tuhan, aku mengakui bahwa keluargaku telah menyimpang, mengingkari janji, dan menebar perselisihan.

Ampunilah kami; sembuhkan garis keturunan kami melalui Darah Yesus.

Fokus Doa

Fokus Pendeta: Memimpin umat percaya dalam memberkati setiap generasi dengan nama mereka.

Bapa, kirimkanlah api pemulihan-Mu melalui garis keturunan kami.

Semoga setiap anugerah, martabat, dan berkat yang terpendam dalam generasi masa lalu bangkit kembali dalam kebenaran.

Pernyataan

Keluargaku adalah pohon yang ditanam kembali oleh sungai kehidupan.

Akar kami menyerap anugerah Tuhan, dan buah kami akan memberi makan bangsa-bangsa.

Segel

Dengan Darah dan api kudus, kisah keluarga kita ditulis ulang dalam Kristus. Amin.

Hari Pengucapan Syukur

Terima kasih, Tuhan, karena Engkau telah mengubah kutuk menjadi berkat dan menyatukan generasi-generasi dalam perjanjian-Mu.

TITIK API 22 — API PENYEMBUHAN DALAM TUBUH DAN JIWA

Ada tertulis:

"Akulah TUHAN yang menyembuhkan engkau." — Keluaran 15:26

"Dia mengirimkan firman-Nya, dan menyembuhkan mereka." — Mazmur 107: 20

Pengakuan dan Pertobatan

Bapa, ampunilah ketidakpercayaanku dan kelalaianku terhadap tubuh yang Kau berikan kepadaku.

Bersihkanlah aku dari kepahitan yang melemahkan tulang.

Fokus Doa

Fokus Pendeta: Mengundang doa untuk kesembuhan—penumpangan tangan atau pengurapan jika perlu.

Tuhan Yesus, biarkan kuasa penyembuhan-Mu mengalir melalui setiap sistem, organ, dan emosi.

Biarkan api suci mensterilkan setiap akar penyakit dan trauma.

Pernyataan

Oleh bilur-bilur-Mu aku menjadi sembuh, jiwaku menjadi makmur.

Kehidupan mengalir melalui diriku seperti api melalui emas.

Segel

Darah Yesus dan Firman janji-Nya menjamin kesehatan dan kedamaianku. Amin.

Hari Pengucapan Syukur

Terima kasih, Tuhan, karena telah menyempurnakan jiwa, roh, dan ragaku.

TITIK API 23 — API PEMBEBASAN DARI LANDASAN KEJAHATAN

Ada tertulis:

"Jika fondasinya hancur, apa yang dapat dilakukan orang benar?" — Mazmur 11: 3

yang dapat meletakkan dasar lain dari pada dasar yang telah diletakkan, yaitu Yesus Kristus." — 1 Korintus 3:11

Pengakuan dan Pertobatan

Tuhan, aku mengaku bahwa hidupku dibangun atas dasar ketakutan, kesombongan, dan tradisi.

Maafkanlah aku, jadilah satu-satunya fondasi di bawahku.

Fokus Doa

Fokus Pendeta: Memimpin orang percaya untuk meninggalkan pola lama dan mendedikasikan rumah, pekerjaan, dan identitas mereka kepada Kristus.

Ya Tuhan, biarkan setiap pilar yang salah runtuh.

Letakkan dasar kebenaran dan kasih-Mu jauh di dalam diriku.

Pernyataan

Hidupku bersandar pada Kristus, Batu Karang yang kokoh; badai mungkin datang, tetapi aku tidak akan jatuh.

Segel

Dengan Darah dan Api Yesus, fondasiku berdiri kokoh tak tergoyahkan. Amin.

Hari Pengucapan Syukur

Terima kasih, Tuhan, karena telah membangun kembali aku di atas Batu Karang yang tak pernah goyang.

TITIK API 24 — API KEMENANGAN ATAS PENINDASAN DAN KETIDAKADILAN

Ada tertulis:

"Tidak ada senjata yang ditempa terhadapmu yang akan berhasil." — Yesaya 54 : 17

"TUHAN adalah tempat perlindungan bagi orang-orang yang tertindas." — Mazmur 9: 9

Pengakuan dan Pertobatan

Tuhan, aku memaafkan orang-orang yang bersalah kepadaku.

Bersihkan aku dari dendam dan ajari aku untuk percaya pada keadilan-Mu.

Fokus Doa

Fokus Pendeta: Memandu pengakuan pelanggaran; berdoa Mazmur 35 atau 91 dengan suara keras.

Tuhan Yang Maha Adil, bangkitlah dalam api-Mu dan lenyapkan penindasan.

Biarkan kebenaran dan kedamaian berciuman dalam ceritaku.

Pernyataan

Aku lebih dari seorang pemenang; kebenaran dan belas kasihan menjaga jalanku.

SEGEL

Darah dan Api Kristus menandai saya sebagai pemenang dalam setiap pencobaan. Amin.

Hari Pengucapan Syukur

Terima kasih, Tuhan, karena Engkau telah berjuang untukku dan memahkotai aku dengan kehormatan .

TITIK API 25 — API KEBIJAKSANAAN DAN VISI SPIRITUAL

Ada tertulis:

"Bukalah mataku, supaya aku memandang keajaiban-keajaiban dari hukum-Mu." — Mazmur 119: 18

"Jika matamu baik, seluruh tubuhmu akan terang." — Matius 6:22

Pengakuan dan Pertobatan

Tuhan, ampuni kebodohan hatiku dan gangguanku terhadap kebisingan duniawi.

Basuhlah penglihatanku dengan Darah; biarlah aku melihat sebagaimana Engkau melihat.

Fokus Doa

Fokus Pendeta: Berdoa agar indra rohani orang percaya—penglihatan, pendengaran, persepsi—diasah.

Roh Kebenaran, nyalakan pelita di dalam diriku.

Biarkan penglihatan palsu memudar dan wahyu sejati bersinar terang.

Pernyataan

Mataku melihat kemuliaan Tuhan.

Aku berjalan dalam terang, aku melihat jalan damai.

SEGEL

Dengan Darah Yesus dan Api pencerahan, penglihatan batinku disucikan. Amin.

Hari Pengucapan Syukur

Terima kasih, Tuhan, karena telah membuka mataku untuk melihat keajaiban-Mu.

TITIK API 26 — API STABILITAS DI MUSIM PERUBAHAN

Ada tertulis:

"Yesus Kristus tetap sama, baik kemarin maupun hari ini dan sampai selama-lamanya ." — Ibrani 13: 8

"Orang-orang yang percaya kepada TUHAN akan seperti gunung Sion yang tidak tergoyahkan." — Mazmur 125 : 1

Pengakuan dan Pertobatan

Tuhan, ampuni kegelisahanku dalam masa transisi.

Aku meragukan keteguhan-Mu; perbaruilah imanku.

Fokus Doa

Ya Bapa, teguhkanlah aku dalam Firman-Mu ketika segala sesuatu berubah.

Biarkan api-Mu menempa kesabaran dan ketangguhan dalam diriku.

Pernyataan

Aku teguh karena Tuhanku tak pernah berubah.

Angin mungkin bertiup, namun kasih karunia mengakar kuat dalam diriku.

Segel

Oleh Darah, Firman, dan Api keteguhan hati, hatiku tertuju pada Tuhan. �� Amin.

Hari Pengucapan Syukur

Terima kasih, Tuhan, karena Engkau telah menjadi batu karangku yang tak berubah di tengah dunia yang terus berubah.

TITIK API 27 — API KEBIJAKSANAAN UNTUK KEPUTUSAN DAN STRATEGI

Ada tertulis:

"Jika di antara kamu ada yang kekurangan hikmat, hendaklah ia meminta kepada Allah." — Yakobus 1 : 5

"Telingamu akan mendengar perkataan di belakangmu: ' Inilah jalannya, berjalanlah kamu mengikuti jalan ini.'" — Yesaya 30:21

Pengakuan dan Pertobatan

Tuhan, ampuni ketergesaan dan ketergantunganku pada diriku sendiri.

Ajarilah aku untuk menantikan keputusan-Mu.

Fokus Doa

Fokus Pendeta: Mendorong orang untuk berdiam diri dan mendengarkan khotbah Tuhan.

Roh Kebijaksanaan, nyalakan api-Mu dalam pikiranku.

Bimbinglah langkahku dengan jelas, biarkan kebingungan sirna di hadapan suara-Mu.

Pernyataan

Saya memiliki pikiran Kristus; saya membuat keputusan berdasarkan nasihat-Nya.

SEGEL

Dengan Darah Yesus dan Api Wahyu, jalanku diatur dalam hikmat. Amin.

Hari Pengucapan Syukur

Terima kasih, Tuhan, karena telah menuntunku di jalan yang kekal.

TITIK API 28 — API PELAYANAN KUDUS DAN KERENDAHAN HATI

Ada tertulis:

"Barangsiapa ingin menjadi pemimpin di antara kamu, hendaklah ia menjadi pelayanmu." — Matius 20 : 27

"Ia telah merendahkan diri-Nya dan taat sampai mati." — Filipi 2 : 8

Pengakuan dan Pertobatan

Tuhan, ampunilah kesombongan dan keinginan untuk mendapat pujian.

Basuhlah aku dalam kerendahan hati dan pulihkan sukacita pelayanan.

Fokus Doa

Tuhan Yesus, bakarlah habis ambisi yang egois.

Biarkan api cinta-Mu menjadikan aku pelayan sejati bagi semuanya.

Gunakan tanganku, kata-kataku, dan waktuku sebagai alat kasih karunia.

Pernyataan

Saya melayani dengan senang hati, saya memimpin dengan cinta.

Kebesaran Kristus dinyatakan melalui saya.

Segel

Dengan Darah dan Api kerendahan hati, aku dimeteraikan sebagai hamba yang setia. Amin.

Hari Pengucapan Syukur

Terima kasih, Tuhan, karena menganggapku layak melayani di rumah-Mu.

TITIK API 29 — API SYAFAAT DAN KASIH SAYANG BAGI JIWA-JIWA

Ada tertulis:

Karena itu berdoalah kepada Tuhan yang empunya tuaian, supaya Ia mengirimkan pekerja-pekerja untuk tuaian-Nya." — Matius 9:38

"Doa orang yang benar, bila dengan yakin didoakan, sangat besar kuasanya." — Yakobus 5 : 16

Pengakuan dan Pertobatan

Tuhan, ampuni ketidakpedulianku terhadap mereka yang terhilang.

Hancurkan hatiku atas apa yang menghancurkan hatimu.

Fokus Doa

Fokus Pendeta: Memimpin dalam doa syafaat bagi bangsa-bangsa, para pemimpin, dan mereka yang belum diselamatkan.

Roh kasih karunia dan permohonan, nyalakanlah hatiku untuk jiwa-jiwa.

Biarkan doaku menjadi saluran belas kasih di seluruh bumi.

Pernyataan

Aku berdiri di celah; doaku adalah dupa di hadapan Tuhan.

SEGEL

Demi Darah Yesus dan Api Kasih Sayang, syafaatku kekal. Amin.

Hari Pengucapan Syukur

Terima kasih, Tuhan, karena Engkau telah membagi beban-Mu bagi dunia ini denganku.

TITIK API 30 — API KEMULIAAN DAN KEHADIRAN YANG BERKELANJUTAN

Ada tertulis:

"Tetapi kita semua, dengan wajah terbuka mencerminkan kemuliaan Tuhan, kita diubah." — 2 Korintus 3: 18

"Sesungguhnya orang-orang benar akan bersyukur kepada nama-Mu, orang-orang jujur akan diam di hadapan-Mu." — Mazmur 140: 13

Pengakuan dan Pertobatan

Tuhan, ampuni aku karena menganggap remeh kehadiran-Mu.

Bersihkan aku dari gangguan dan kesombongan.

Fokus Doa

Fokus Pendeta: Memimpin ibadah hingga kesadaran akan kehadiran Tuhan memenuhi ruangan.

Bapa, biarlah kemuliaan-Mu bangkit seperti api di dalam dan di sekelilingku.

Habiskanlah sampah; nyatakanlah keindahan Yesus dalam hidupku.

Pernyataan

Kemuliaan Tuhan meliputiku; kehadiran-Nya adalah atmosferku.

Segel

Oleh Darah, Firman, dan Api kemuliaan-Nya, aku tersembunyi di hadirat-Nya selamanya. Amin.

Hari Pengucapan Syukur

Terima kasih, Tuhan, karena Engkau telah tinggal bersamaku dan menjadikan aku pembawa terang-Mu.

TITIK API 31 — API PENGUDUSAN DAN TANGAN YANG BERSIH

Ada tertulis:

"Siapakah yang boleh naik ke atas gunung TUHAN? Siapakah yang boleh berdiri di tempat-Nya yang kudus? Orang yang bersih tangannya dan murni hatinya." — Mazmur 24: 3–4

"Persembahkanlah tubuhmu sebagai persembahan yang hidup, yang kudus dan yang berkenan kepada Allah." — Roma 12: 1

Pengakuan dan Pertobatan :

Tuhan, aku bertobat atas kompromi dan kecerobohanku. Bersihkan motif dan tindakanku dalam Darah-Mu.

Fokus Doa: Api pengabdian, murnikan motivasiku. Biarlah semua yang kulakukan bersumber dari kasih dan kebenaran. Fokus Pendeta: memimpin dalam pengabdian kembali hidup dan pelayanan.

Pernyataan

Tanganku suci; pekerjaanku memuliakan Raja.

Anjing Laut dan Ucapan Syukur:

Oleh Darah dan api kudus aku dipisahkan bagi Allah. Amin.

TITIK API 32 — API KEPATUHAN DAN KESELARASAN

Ada tertulis:

"Menaati lebih baik dari pada mempersembahkan korban." — 1 Samuel 15 : 22

segala perintah-Ku." — Yohanes 14:15

Pengakuan dan Pertobatan:

Tuhan, ampunilah saat-saat aku mendengar namun tidak menaatinya.

Fokus Doa: Roh Takut akan Tuhan, ukirlah ketaatan di hatiku. Sejajarkan keinginanku dengan kehendak surga.

Pernyataan:

Aku suka melakukan kehendak-Mu, ya Allah; Taurat-Mu ada dalam dadaku.

Anjing Laut dan Ucapan Syukur :

Dengan Darah dan Firman Perjanjian, aku berjalan dalam ketaatan yang penuh sukacita. Amin.

TITIK API 33 — API IMAN DAN KEPERCAYAAN YANG TAK TERGOYAHKAN

Ada tertulis:

"Orang benar akan hidup oleh imannya." — Habakuk 2 : 4

"Inilah kemenangan yang mengalahkan dunia: iman kita." — 1 Yohanes 5: 4

Pengakuan dan Pertobatan:

Tuhan, ampuni keraguan dan ketidakpercayaanku.

Fokus Doa: Roh Kudus, nyalakan kembali imanku. Biarlah setiap ketakutan luluh di hadapan janji-Mu.

Fokus Pendeta: mengucapkan ayat-ayat iman dengan lantang; mendorong pernyataan kepercayaan.

Pernyataan : Aku percaya kepada Tuhan; karena itu aku melihat kemuliaan-Nya.

Segel & Ucapan Syukur: Api iman akan selalu menyala dalam diriku. Amin.

TITIK API 34 — API KEBAHAGIAAN DAN PUJIAN DALAM PENDERITAAN

Ada tertulis:

senantiasa dalam Tuhan ." — Filipi 4 : 4

karena TUHAN adalah kekuatanmu." — Nehemia 8:10

Pengakuan dan Pertobatan:

Tuhan, ampunilah keluhanku, ajarilah aku bersyukur.

Fokus Doa: Tuhan, biarlah pujian bangkit bagai api di tengah pencobaan; ubahlah kesedihan menjadi lagu.

Pernyataan:

Aku bersukacita karena iman, pujianku mematahkan rantai.

Anjing Laut dan Ucapan Syukur:

Dengan darah dan minyak sukacita, sukacitaku menjadi penuh. Amin.

TITIK API 35 — API KASIH SAYANG DAN PENGAMPUNAN

Ada tertulis:

"Berbahagialah orang yang murah hatinya, karena mereka akan beroleh kemurahan." — Matius 5: 7

"Bersikaplah baik terhadap satu sama lain... saling mengampuni, sebagaimana Allah di dalam Kristus telah mengampuni kamu." — Efesus 4:32

Pengakuan dan Pertobatan:

Tuhan, ampuni kekerasan hatiku; ajarilah aku untuk mengulurkan belas kasihan.

Fokus Doa: Bapa, curahkanlah belas kasihan-Mu melalui diriku hingga aku menjadi alat penyembuhan bagi orang lain.

Deklarasi :

Aku hidup dalam belas kasihan; pelanggaran tidak mendapat tempat bermalam di dalam aku.

Anjing Laut dan Ucapan Syukur:

Dengan Darah belas kasih, aku bebas untuk mengampuni dan diampuni. Amin.

TITIK API 36 — API DOA DAN KEWASPADAAN

Ada tertulis:

" Berjaga-jagalah dan berdoalah, supaya kamu jangan jatuh ke dalam pencobaan." — Matius 26:41

"Orang harus selalu berdoa dengan tidak jemu-jemu." — Lukas 18 : 1

PENGAKUAN DAN PERTOBATAN:

Tuhan, ampunilah kurangnya doa dan gangguan.

Fokus Doa: Roh kasih karunia dan permohonan, bangunkanlah jam jagaku. Buatlah aku selalu waspada dalam Roh, siang dan malam.

Pernyataan:

Altarku menyala terus-menerus; aku menjadi penjaga di dinding-dindingnya.

Anjing Laut dan Ucapan Syukur:

Dengan Darah dan Api ketekunan, kehidupan doaku takkan pernah padam. Amin.

TITIK API 37 — API PERDAMAIAN DI TENGAH BADAI

Ada tertulis:

"Engkau akan memelihara dia dalam damai sejahtera yang sempurna, yang pikirannya tertuju kepada-Mu." — Yesaya 26 : 3

" Damai sejahtera Kutinggalkan bagimu. Damai sejahtera-Ku Kuberikan kepadamu." — Yohanes 14:27

Pengakuan dan Pertobatan:

Tuhan, ampunilah kepanikan dan kekhawatiran;

Aku alihkan pandanganku kembali kepada-Mu.

Fokus Doa: Pangeran Damai, hembuskanlah napas pada badai di sekitarku; ucapkanlah, "Damai, tenanglah."

Pernyataan:

Angin taat kepada Tuhanku, aku beristirahat dalam ketenangan-Nya.

Anjing Laut dan Ucapan Syukur:

Dengan Darah rekonsiliasi, kedamaian berkuasa di dalam dan luar. Amin.

TITIK API 38 — PENGARUH DAN DAMPAK API KERAJAAN

Ada tertulis:

"Kamu adalah terang dunia... kamu adalah garam dunia." — Matius 5 : 13–14

"Bumi akan dipenuhi dengan pengetahuan tentang kemuliaan TUHAN." — Habakuk 2:14

Pengakuan dan Pertobatan:

Tuhan, ampunilah aku karena menyembunyikan terang; ampunilah aku karena berkompromi dalam bersaksi.

Fokus Doa: Roh Kudus, nyalakan pengaruhku; biarkan integritas dan kasih mengubah lingkunganku.

Pernyataan:

Akulah terang di tengah kegelapan, garam yang menyegarkan , duta besar Sang Raja.

Anjing Laut dan Ucapan Syukur:

Dengan Darah dan Api misi, hidupku bersinar dengan dampak kerajaan. Amin.

TITIK API 39 — API KETAHANAN DAN KEANGGUNAN PENUTUP

Ada tertulis:

"Orang yang bertahan sampai akhir akan diselamatkan." — Matius 24:13

"Aku telah mengakhiri pertandingan yang baik, aku telah mencapai garis akhir." — 2 Timotius 4: 7

Pengakuan dan Pertobatan:

Tuhan, ampuni semangat menyerahku; perbarui ketekunan dalam diriku.

Fokus Doa: Kuatkan tanganku, kuatkan tekadku, biarkan api kesabaran memurnikan aku hingga aku menyelesaikannya dengan baik.

Pernyataan:

Aku terus maju ke arah sasaran; tak ada yang dapat membuatku berbalik.

Anjing Laut dan Ucapan Syukur:

Dengan Darah perjanjian dan Api ketekunan, aku akan mengakhirinya dengan sukacita. Amin.

TITIK API 40 — API KEMULIAAN DAN PENYEMBAHAN ABADI

Ada tertulis:

"Bagi Raja segala zaman, yang kekal, yang tidak kelihatan, yang esa dan bijaksana, hormat dan kemuliaan sampai selama-lamanya bagi Allah yang kekal." — 1 Timotius 1 : 17

"Dan mereka mengalahkannya... dan mereka tidak mengasihi nyawa mereka sampai ke dalam maut." — Wahyu 12 : 11

Pengakuan dan Pertobatan:

Tuhan, ampunilah segala kesombongan dan meninggikan diri; segala kemuliaan adalah milik-Mu.

Fokus Doa: Biarlah hidupku menjadi ibadah yang terus-menerus; biarlah kemuliaan-Mu dinyatakan di dalamku dan melalui aku selamanya.

Pernyataan:

Milikmulah kerajaan, kuasa, dan kemuliaan.

Aku hidup untuk memujaMu selamanya.

Anjing Laut dan Ucapan Syukur:

Oleh Darah Anak Domba dan Api penyembahan yang kekal, aku terikat pada takhta kasih karunia. Amin.

RENCANA HIDUP-DALAM-FIRMAN

Kerangka Pembaruan dan Refleksi Kitab Suci Harian

"Kitab Taurat ini janganlah meninggalkan mulutmu, tetapi engkau harus merenungkannya siang dan malam, supaya engkau bertindak hati-hati sesuai dengan segala yang tertulis di dalamnya, sebab dengan demikian perjalananmu akan berhasil dan engkau akan beruntung." — Yosua 1: 8

Pembebasan ditopang oleh disiplin, dan disiplin ditopang oleh Firman.

Yesus yang sama yang mengusir setan di Lukas 9 mengalahkan setan di Lukas 4 dengan Firman tertulis — "Ada tertulis."

Untuk tetap bebas, Anda harus tetap kenyang.

Rencana ini adalah kebiasaan pembaruan Anda setiap hari — satu bab dari Perjanjian Lama, satu bab dari Perjanjian Baru — yang memelihara perjanjian dan kasih karunia, hikmat dan kuasa.

STRUKTUR BACAAN HARIAN

1. Baca Satu Bab dari Perjanjian Lama

Mulailah dengan Kejadian dan terus maju sesuai kecepatan Anda.

Lihatlah bagaimana Tuhan membangun, memanggil, menebus, dan memulihkan.

2. Baca Satu Bab dari Perjanjian Baru

Mulailah dengan Matius dan lanjutkan perjalanan melalui Wahyu.

Perhatikan bagaimana Yesus menggenapi apa yang dinyatakan Hukum Taurat dan para Nabi.

3. Minta Roh Kudus Berbicara Sebelum Anda Membaca

Bisikkan doa ini:

"Roh Kudus, bukalah mataku untuk melihat keajaiban-keajaiban dari Firman-Mu." — Mazmur 119: 18

PERTANYAAN REFLEKSI

Setelah membaca, tulislah jawaban Anda secara singkat setiap hari.

Pertanyaan-pertanyaan ini akan mempertajam pendengaran Anda dan mengubah membaca menjadi wahyu.

1. Apa yang Tuhan katakan?

Perhatikan setiap kata-kata langsung dari Bapa — perintah, janji, atau peringatan.

2. Apa yang Yesus katakan?

Apa yang diungkapkan oleh perkataan, mukjizat, atau tindakan-Nya tentang hati dan kerajaan-Nya?

3. Apa yang dikatakan Roh Kudus?

Bagaimana Roh Kudus meyakinkan, menghibur, atau membimbing saya melalui apa yang saya baca?

4. Apa yang dikatakan nabi, rasul, atau penulis melalui petunjuk Roh?

Mengidentifikasi prinsip ilahi di balik ajaran atau cerita mereka.

5. Apa yang saya pelajari?

Ringkaslah wawasan, koreksi, atau dorongan yang diterima hari ini.

6. Apa yang diperintahkan atau diajarkan untuk saya lakukan?

Tuliskan setiap langkah kepatuhan yang jelas.

7. Bagaimana cara mengaplikasikannya?

Bersikaplah praktis. Apa yang bisa Anda mulai, hentikan, atau ubah hari ini?

8. Kapan saya harus menerapkannya?

Tetapkan jadwal atau tindakan segera (misalnya, "Hari ini," "Sebelum tidur," "Rapat berikutnya").

9. Setelah saya mengaplikasikannya, apa hasilnya?

Catatlah hasil atau perubahan batin yang Anda sadari setelah mematuhinya.

10. Apa kesaksiannya?

Catatlah hal-hal apa saja yang dapat Anda syukuri kepada Tuhan dan bagikan kepada orang lain.

11. Dengan siapa saya dapat berbagi informasi ini hari ini?

Setiap kebenaran menjadi benih ketika ditabur. Carilah satu orang untuk disemangati setiap hari.

TUJUAN

Pada akhir setiap minggu, tinjau kembali catatan dan kesaksian Anda.

Perhatikan bagaimana respon Anda bertumbuh lebih dalam, pendengaran Anda lebih jelas, dan iman Anda lebih mantap.

Dalam setahun, Anda akan selesai membaca seluruh Alkitab dan menuliskan catatan pribadi tentang perjumpaan ilahi—bukti bahwa Firman Tuhan itu manjur.

INGAT

Kebebasan yang dipertahankan adalah kebebasan yang dilipatgandakan.

Setiap kali Anda membuka Alkitab, Anda membuka pintu bagi Tuhan untuk berbicara lagi.

Ular tidak dapat menggigit jika pagar Kitab Suci masih berdiri kokoh.

Biarkan Firman itu tinggal dengan limpah di dalammu—memperbarui pikiranmu, membersihkan motifmu, dan memperlengkapi mulutmu untuk selalu berkata, "Ada tertulis."

"Firman-Mu itu pelita bagi kakiku dan terang bagi jalanku." — Mazmur 119: 105

HIDUP DALAM FIRMAN — CONTOH APLIKASI -1

Kejadian 3 dan Wahyu 3
(Contoh Pembelajaran Harian Menggunakan Pertanyaan Refleksi)

1. APA YANG TUHAN KATAKAN?

Kejadian 3:

Tuhan berkata bahwa ketidaktaatan membuka pintu menuju penipuan dan kematian.

Dia menunjukkan Diri-Nya sebagai Bapa yang memanggil bahkan setelah kegagalan: "Adam, di manakah engkau?" (ayat 9).

Penghakiman datang, namun belas kasihan berbicara—sebuah janji penebusan melalui "keturunan perempuan."

Wahyu 3:

Tuhan berkata bahwa Dia mengetahui pekerjaan GerejaNya.

Ia memperingatkan mereka yang bersikap setengah hati bahwa ketidakpedulian sama berbahayanya dengan pemberontakan, tetapi menawarkan pintu terbuka bagi mereka yang tetap setia.

Dia berdiri di pintu dan mengetuk, masih merindukan persekutuan.

2. Apa yang Yesus katakan?

Dalam Kejadian 3, Yesus adalah Benih yang dijanjikan yang akan meremukkan kepala ular—Firman harapan Allah yang tersembunyi di tengah kutukan.

Dalam Wahyu 3, Yesus berbicara langsung: "Lihat, Aku berdiri di muka pintu dan mengetok." Ia memanggil orang percaya untuk kembali keintiman, dan berjanji: "Barangsiapa menang, ia akan Kududukkan bersama-sama dengan Aku di atas takhta-Ku."

Dia berkata, "Kembali ke cinta pertama. Buka pintunya lagi."

3. Apa yang dikatakan Roh Kudus?

Roh mengingatkan saya bahwa dosa dimulai sebagai sugesti sebelum menjadi pemberontakan.

Dia memperingatkan saya untuk menjaga percakapan, pikiran, dan keinginan yang mempertanyakan kebaikan Tuhan.

Dia juga berbisik, "Jaga apimu tetap menyala; jangan menjadi suam-suam kuku."

4. Apa yang dikatakan nabi, rasul, atau penulis melalui petunjuk Roh?

Musa mencatat kejatuhan pertama manusia untuk menunjukkan asal mula setiap kehancuran—dan kebutuhan akan seorang Penebus.

Yohanes menulis Wahyu 3 untuk menyingkapkan kepuasan rohani dan menyerukan Gereja untuk bertobat.

Keduanya mengkhotbahkan satu kebenaran: Tuhan masih menginginkan persekutuan; dosa dan ketergantungan pada diri sendiri menghancurkannya.

5. Apa yang saya pelajari?

Kepatuhan membuatku tetap berada di Eden; keingintahuan tanpa batas mengusirku.

Suara Tuhan masih mencariku saat aku bersembunyi.

Yesus menghargai hubungan di atas ritual—Dia mengetuk, bukan memaksa masuk.

Iman yang suam-suam kuku menyinggung Tuhan karena iman tersebut salah menggambarkan penderitaan-Nya.

6. Apa yang diperintahkan atau diajarkan untuk saya lakukan?

Dengarkan sebelum bertindak; pertanyakan penggodanya, bukan kebenarannya.

Bertobatlah segera ketika keyakinan itu datang.

Tetaplah buka pintu hatiku untuk persekutuan setiap hari.

Tetaplah bersemangat; pertahankan suhu spiritual melalui doa, ibadah, dan ketaatan.

7. Bagaimana cara mengaplikasikannya?

Mulailah setiap pagi dengan bertanya, "Tuhan, di mana aku?"—mengundang Dia untuk menemukanku secara rohani.

Akhiri setiap hari dengan membuka kembali hatiku: "Masuklah, Tuhan Yesus."

Tolak konten yang membangkitkan keraguan, hawa nafsu, atau kesombongan—gerbang yang sama yang menipu Hawa.

Gantikan menggulir layar dengan membaca Kitab Suci; gantikan keluhan dengan rasa syukur.

8. Kapan saya harus menerapkannya?

Segera—hari ini.

Ular menggoda setiap hari; Juruselamat mengetuk setiap hari. Respons saya pun harus setiap hari.

9. Setelah saya mengaplikasikannya, apa hasilnya?

Kedamaian kembali hadir dalam pikiranku.

Godaan kehilangan suaranya karena saya menjawab, "Ada tertulis."

Persekutuan menjadi lebih mudah; doa terasa lebih ringan; tidur lebih nyenyak.

Firman yang sama yang menghukum juga menghibur.

10. Apa kesaksiannya?

Ketika saya patuh dengan cepat, saya merasakan Eden terbuka kembali di dalam.

Dimana rasa malu pernah berbisik, kini kasih karunia berbicara lebih lantang.

Kehadiran Tuhan tidak lagi jauh; Ia berjalan bersamaku di kesejukan hari.

Saya telah belajar bahwa pedang berapi di gerbang Eden tidak pernah dimaksudkan untuk menghalangi saya masuk—melainkan untuk menghalangi dosa datang kembali.

11. Dengan siapa saya dapat berbagi informasi ini hari ini?

Seorang teman yang merasa tidak layak di hadapan Tuhan setelah jatuh lagi.

Aku akan katakan pada mereka: "Dia masih berjalan di taman sambil memanggil namamu."

Dan kepada orang lain yang telah lelah dalam iman, saya akan membagikan Wahyu 3:20—Ia masih mengetuk.

Ringkasan Wawasan

Dari Kejadian 3 sampai Wahyu 3, ceritanya sama:

Tuhan terus mencari persekutuan; manusia terus menutup pintu; namun belas kasihan terus mengetuk.

Pembebasan dimulai saat saya membuka pintu lagi—sepenuhnya, setiap hari, dengan sukacita.

"Lihatlah, Aku telah membuka pintu bagimu, yang tidak dapat ditutup oleh seorang pun." — Wahyu 3: 8

HIDUP DALAM FIRMAN — CONTOH APLIKASI 2

Kejadian 6 dan Lukas 4
(Contoh Pembelajaran Harian Menggunakan Pertanyaan Refleksi)

1. APA YANG TUHAN KATAKAN?

Kejadian 6:

Allah berkata bahwa kejahatan yang tidak terkendali mendukakan hati-Nya.

Dia melihat kerusakan umat manusia dan menyatakan bahwa Roh-Nya tidak akan pernah tinggal dalam daging.

Namun bahkan dalam penghakiman, Dia mengingat belas kasihan—Dia memilih Nuh sebagai orang yang menemukan kasih karunia.

Lukas 4:

Tuhan berkata bahwa kemenangan atas godaan datang melalui ketaatan pada Firman-Nya.

Yesus, yang dipenuhi dengan Roh Kudus, menghadapi iblis dan menang berdasarkan Kitab Suci.

Allah menegaskan bahwa Firman-Nya adalah senjata dan pertahanan yang cukup .

2. Apa yang Yesus katakan?

Dalam Kejadian 6, Yesus adalah Bahtera keselamatan yang akan datang—digambarkan dalam ketaatan Nuh.

Dalam Lukas 4, Yesus berbicara langsung kepada musuh: "Ada tertulis."

Ia mengajarkan bahwa setiap orang percaya dapat berdiri teguh dengan mengetahui, mempercayai, dan menyatakan Firman Tuhan.

3. Apa yang dikatakan Roh Kudus?

Dia memperingatkan: "Jaga lingkungan dan imajinasi Anda."

Korupsi dimulai ketika manusia mengambil apa yang menyenangkan mata mereka alih-alih apa yang menyenangkan Tuhan.

Ia mendesak pembaruan terus-menerus melalui Kitab Suci dan doa, mengingatkan bahwa godaan selalu menyerang identitas terlebih dahulu — " Jika Engkau Anak Allah..."

4. Apa yang dikatakan nabi, rasul, atau penulis melalui petunjuk Roh?

Musa menyingkapkan bahwa dosa, jika ditoleransi, akan menyebar ke berbagai generasi; ketaatan, jika dipilih, akan melestarikan garis keturunan.

Lukas mencatat bahwa bahkan Anak Allah pun menghadapi godaan, menunjukkan kepada orang percaya bahwa kekudusan dibuktikan dengan ketaatan yang teruji, bukan keterasingan.

5. Apa yang saya pelajari?

Kekudusan melindungi; kompromi mengundang kehancuran.

Kasih karunia dapat memelihara satu orang di dunia yang rusak.

Kitab Suci yang diucapkan dengan iman membungkam kebohongan musuh.

Godaan dikalahkan oleh kebenaran yang telah dimuat sebelumnya, bukan kepanikan di menit-menit terakhir.

6. Apa yang diperintahkan atau diajarkan untuk saya lakukan?

Membangun bahtera ketaatan—disiplin harian yang melindungi jiwaku.

Simpanlah Firman sebelum badai.

Tolak setiap saran yang mempertanyakan kebaikan atau waktu Tuhan.

Hiduplah untuk menyenangkan Roh, bukan orang banyak.

7. BAGAIMANA CARA MENGAPLIKASIKANNYA?

Tetapkan waktu ibadah pagi dan sore sebagai waktu "bahtera" saya.

Hafalkan satu ayat per godaan yang sering saya hadapi.

Tutup pintu-pintu digital dan emosional yang membanjiri pikiranku dengan ketidakmurnian.

Pilihlah kebenaran meski itu membuatku berdiri sendirian, seperti Nuh.

8. Kapan saya harus menerapkannya?

Sekarang.

Banjir tidak menunggu Nuh selesai merencanakan; ia harus segera mulai membangun.

Godaan tidak pernah menjadwalkan janji temu—godaan datang saat kita tidak siap.

9. Setelah saya mengaplikasikannya, apa hasilnya?

Kedamaian menggantikan ketakutan.

Kitab Suci menjadi hidup di saat-saat penuh tekanan.

Alih-alih bereaksi, saya malah menjawab, "Sudah tertulis."

Semangatku tumbuh lebih kuat daripada dorongan hatiku.

10. Apa kesaksiannya?

Ketaatan membangun bahtera saya sebelum hujan turun.

Saya belajar bahwa satu ayat yang diyakini lebih kuat dari seribu ketakutan.

Seperti Nuh, saya menemukan bahwa kasih karunia masih menemukan mereka yang berjalan dengan Tuhan;

seperti Yesus, saya membuktikan bahwa Firman tetap menang di padang gurun.

11. Dengan siapa saya dapat berbagi informasi ini hari ini?

Seorang muda beriman yang kewalahan oleh tekanan budaya.

Saya akan memberi tahu mereka: "Bangunlah lebih awal—jangan menunggu banjir. Ucapkan Firman sebelum badai."

Ringkasan Wawasan

Kejadian 6 memperingatkan terhadap korupsi yang mengundang penghakiman.

Lukas 4 menyingkapkan obatnya—Yesus, Firman yang hidup, menaklukkan setiap godaan dengan kebenaran tertulis.

Jika Nuh membangun bahtera dari kayu, maka Yesus membangun bahtera dari firman.

Keduanya masih menabung hingga saat ini.

"Rumput menjadi kering , bunga menjadi layu , tetapi firman Allah kita tetap untuk selama-lamanya ." — Yesaya 40: 8

HIDUP DALAM FIRMAN — CONTOH APLIKASI 3

Keluaran 14 dan Kisah Para Rasul 16
(Contoh Pembelajaran Harian Menggunakan Pertanyaan Refleksi)

1. APA YANG TUHAN KATAKAN?

Keluaran 14:

Tuhan berkata, "Berdirilah diam dan lihatlah keselamatan dari-Ku."

Ketika umat-Nya mencapai laut yang mustahil, Dia membuktikan bahwa ketidakmungkinan itu adalah panggung bagi kemuliaan-Nya.

Dia memerintahkan gerakan dalam iman — " Maju terus." Air terbelah hanya ketika ketaatan mengambil alih.

Kisah Para Rasul 16:

Tuhan berkata, "Pujilah Aku di tengah malam."

Paulus dan Silas, dipukuli dan dirantai, berdoa dan bernyanyi sampai surga mengguncang bumi.

Pintu-pintu terbuka bukan karena usaha, melainkan karena ibadah.

Tuhan masih bersemayam dalam pujian umatNya.

2. Apa yang Yesus katakan?

Dalam Keluaran 14 Dia adalah Kapten yang tak terlihat yang berdiri di antara Israel dan musuh—tiang awan dan api.

Dalam Kisah Para Rasul 16 Dia adalah Sang Pembebas yang mengubah penjara menjadi mimbar.

Yesus berkata, "Jangan takut. Saat kau mengangkat Aku, rantai akan jatuh."

3. Apa yang dikatakan Roh Kudus?

Roh berbisik, "Ketaatan membelah lautan; penyembahan mematahkan rantai."

Dia mendesak saya untuk berhenti menganalisis dan mulai maju.

Dia mengajarkan bahwa iman dan pujian adalah bahasa kemenangan.

4. Apa yang dikatakan nabi, rasul, atau penulis melalui petunjuk Roh?

Musa mencatat mukjizat Laut Merah untuk mengungkapkan kekuasaan Tuhan atas alam dan bangsa-bangsa.

Lukas menulis Kisah Para Rasul 16 untuk menunjukkan bahwa Injil tidak dapat dipenjara.

Keduanya menyatakan bahwa keadaan mungkin mengelilingi orang percaya, tetapi kehadiran Tuhan menyelamatkan di dalam.

5. Apa yang saya pelajari?

Kepanikan menunda mukjizat; ketaatan melepaskannya.

Tuhan berperang untuk mereka yang teguh dalam iman.

Memuji saat kesakitan lebih membingungkan musuh daripada berteriak padanya.

Setiap rintangan menyembunyikan kesempatan untuk bersaksi.

6. Apa yang diperintahkan atau diajarkan untuk saya lakukan?

Terus maju meski aku tak melihat jalannya.

Keluhan perdagangan untuk ibadah.

Percayalah pada waktu Tuhan—Dia membelah lautan di tengah malam semudah di waktu fajar.

Dorong orang lain untuk bernyanyi saat masih dirantai.

7. Bagaimana cara mengaplikasikannya?

Ketika rasa takut muncul, berhentilah menjelaskan dan mulailah menyatakan janji Tuhan.

Mulailah setiap pagi dengan lagu penyembahan, jangan dengan kekhawatiran.

Saat sedang krisis, berhentilah sejenak dan bertanya, "Apa yang Tuhan minta saya lakukan selanjutnya?"

Buatlah daftar rasa syukur sebagai "buku lagu" pribadi saya.

8. Kapan saya harus menerapkannya?

Seketika—iman yang tertunda adalah iman yang berkurang.

Setiap momen Laut Merah dan setiap sel tengah malam membutuhkan kepercayaan instan.

9. Setelah saya mengaplikasikannya, apa hasilnya?

Kedamaian menggantikan kepanikan.

Saya mulai melihat jalan Tuhan di mana sebelumnya saya hanya melihat tekanan.

Memuji sambil menitikkan air mata mendatangkan penyelesaian tak terduga; tembok yang kukira permanen mulai bergeser.

10. Apa kesaksiannya?

Kepatuhan membuka pintu-pintu yang tak bisa dibuka dengan kunci apa pun.

Ketika saya beribadah dalam kelemahan, saya bertemu dengan Tuhan yang kuat.

Seperti Israel, aku berjalan di tanah kering; seperti Paulus, aku bernyanyi untuk keluar dari kurungan.

Firman itu berhasil.

11. Dengan siapa saya dapat berbagi informasi ini hari ini?

Siapa pun yang berdiri di hadapan lautan yang mustahil atau duduk di dalam sel yang sunyi.

Aku akan berkata pada mereka: "Teruslah bergerak. Teruslah bernyanyi. Tuhan masih membelah lautan dan mengguncang penjara."

Ringkasan Wawasan

Keluaran 14 menunjukkan bahwa ketaatan mendatangkan pembebasan eksternal.

Kisah Para Rasul 16 menunjukkan bahwa penyembahan mendatangkan pembebasan batin.

Bersama-sama mereka membuktikan bahwa Tuhan yang membelah air masih mematahkan rantai.

Kebebasan bukanlah tidak adanya masalah—melainkan kehadiran iman yang berapi-api di tengah-tengahnya.

"Tuhan akan berperang untukmu, dan kamu akan diam saja." — Keluaran 14 : 14

"Pada tengah malam Paulus dan Silas berdoa dan menyanyikan pujian bagi Allah." — Kisah Para Rasul 16 : 25

KESIMPULAN

*"Ia membuat pelayan-pelayan-Nya menjadi nyala api." — **Ibrani 1 : 7***

Pembebasan bukanlah akhir dari perjalanan; melainkan pintu gerbang menuju takdir.

Empat puluh deklarasi harian ini tidak pernah dimaksudkan untuk berakhir dalam rutinitas—deklarasi ini dirancang untuk menyalakan gaya hidup.

Anda tidak sekadar berdoa melalui halaman-halaman; Anda telah membangun kembali altar hati Anda.

Kalian telah menukarkan rasa takut dengan iman, kelemahan dengan ibadah, dan kebingungan dengan persekutuan.

Kini tibalah ujian kemenangan yang sesungguhnya: pemeliharaan melalui keintiman.

Jaga apimu tetap menyala.

Disiplin yang sama yang menyalakan api ini akan menjaganya tetap hidup.

Beri makan dengan Firman setiap hari; lindungi dengan ketaatan; sebarkan melalui kasih dan pelayanan.

Musuh yang dulu Anda takuti, kini takut pada cahaya yang Anda bawa.

Kalian bukan lagi korban peperangan; kalian adalah wadah dari Raja Prajurit.

Roh yang sama yang membangkitkan Yesus dari kematian kini menghidupkan tubuh fana Anda, memenuhi pikiran Anda dengan kedamaian, dan membanjiri rumah Anda dengan kehadiran-Nya.

"Memang dahulu kamu adalah kegelapan, tetapi sekarang kamu adalah terang di dalam Tuhan. Sebab itu hiduplah sebagai anak-anak terang." — Efesus 5: 8

Jangan menoleh ke belakang. Jangan membuka kembali pintu-pintu yang telah ditutup oleh kasih karunia.

Jaga pagar tanaman. Jaga agar lampu tetap rapi dan menyala.

Dan ketika pencobaan datang, ingatlah Yesus di padang gurun—Dia menjawab setiap suara kegelapan dengan, "Ada tertulis."

Biarkan pedangmu selalu tajam di mulutmu.

Komisi Anda

1. Tetaplah dalam Firman – Kitab Suci adalah oksigen Anda; hiruplah setiap hari.

2. Tetaplah Bersatu – Keterasingan melemahkan api, tetapi persatuan justru memperbanyaknya.

3. Tetap Bersyukur – Rasa syukur membuat gerbang surga tetap terbuka.

4. Tetap pada Tugas – Anda tidak ditugaskan untuk duduk, melainkan untuk melayani.

Tuhan yang memulai pekerjaan pemurnian ini akan menyempurnakannya.

Kini engkau adalah altar yang hidup—tempat tinggal-Nya, saksi-Nya, api-Nya.

Angkat suaramu dan nyatakan dengan iman:

"Tuhan, aku milik-Mu—tubuh, jiwa, dan roh.

Jangan biarkan api-Mu padam di altarku.

Gunakan hidupku untuk menerangi orang lain sampai bangsa-bangsa melihat kemuliaan-Mu."

Amin.

Cara Dilahirkan Kembali dan Memulai Hidup Baru bersama Kristus

Mungkin Anda pernah berjalan bersama Yesus sebelumnya, atau mungkin Anda baru saja bertemu-Nya selama 40 hari ini. Namun saat ini, ada sesuatu di dalam diri Anda yang sedang bergejolak.

Kamu siap untuk lebih dari sekadar agama.

Kamu siap untuk **hubungan** .

Kamu siap untuk berkata, "Yesus, aku membutuhkan-Mu."

Inilah kebenarannya:

"Karena semua orang telah berbuat dosa; kita semua telah kehilangan standar kemuliaan Allah... namun Allah, dalam kasih karunia-Nya, dengan cuma-cuma membenarkan kita di hadapan-Nya."

— Roma 3:23–24 (NLT)

Keselamatan tak bisa diraih dengan usaha.

Perbaikan diri tak bisa diraih dengan usaha. Namun, Yesus sudah membayar lunas — dan Dia menunggu untuk menyambutmu pulang.

Cara Dilahirkan Kembali

Dilahirkan kembali berarti menyerahkan hidup Anda kepada Yesus — menerima pengampunan-Nya, percaya bahwa Dia mati dan bangkit kembali, dan menerima Dia sebagai Tuhan dan Juru Selamat Anda.

Sederhana. Kuat. Mengubah segalanya.

Doakan Ini dengan Keras:

Tuhan Yesus, aku percaya Engkau adalah Putra Allah.

Aku percaya Engkau mati untuk dosa-dosaku dan bangkit kembali. Aku mengaku bahwa aku telah berdosa dan aku membutuhkan pengampunan-Mu. Hari ini, aku bertobat dan berbalik dari jalan hidupku yang lama. Aku mengundang-Mu ke dalam hidupku untuk menjadi Tuhan dan Juruselamatku. Bersihkanlah aku. Penuhi aku dengan Roh-Mu. Aku

menyatakan bahwa aku telah dilahirkan kembali, diampuni, dan dibebaskan. Mulai hari ini dan seterusnya, aku akan mengikuti-Mu —dan aku akan hidup mengikuti jejak-Mu. Terima kasih telah menyelamatkanku. Dalam nama Yesus, amin.

Langkah Berikutnya Setelah Keselamatan

1. **Beritahu Seseorang** – Bagikan keputusan Anda dengan orang yang Anda percaya.
2. **Temukan Gereja Berbasis Alkitab** – Bergabunglah dengan komunitas yang mengajarkan Firman Tuhan dan mengamalkannya. Kunjungi God's Eagle Ministries secara online melalui https://www.otakada.org [1]atau https://chat.whatsapp.com/H67spSun32DDTma8TLh0ov
3. **Dibaptis** – Ambil langkah berikutnya di depan umum untuk menyatakan iman Anda.
4. **Bacalah Alkitab Setiap Hari** – Mulailah dengan Injil Yohanes.
5. **Berdoa Setiap Hari** – Berbicara kepada Tuhan sebagai sahabat dan Bapa.
6. **Tetap Terhubung** – Kelilingi diri Anda dengan orang-orang yang mendukung langkah baru Anda.
7. **Mulailah Proses Pemuridan dalam Komunitas** – Kembangkan hubungan satu lawan satu dengan Yesus Kristus melalui tautan ini

Pemuridan 40 hari 1 - https://www.otakada.org/get-free-40-days-online-discipleship-course-in-a-journey-with-jesus/

40 Pemuridan 2 - https://www.otakada.org/dapatkan-gratis-40-hari-dna-perjalanan-murid-bersama-jesus-seri-2/[2]

1. https://www.otakada.org

2. https://www.otakada.org/get-free-40-days-dna-of-discipleship-journey-with-jesus-series-2/

Momen Keselamatan Saya

Tanggal : ______________________

Tanda tangan : ___________________

"Jadi siapa yang ada di dalam Kristus, ia adalah ciptaan baru: yang lama sudah berlalu, sesungguhnya yang baru sudah datang!"

— 2 Korintus 5:17

Sertifikat Hidup Baru di dalam Kristus

D*eklarasi Keselamatan – Lahir Kembali oleh Kasih Karunia*

Ini menyatakan bahwa

____

(Nama Lengkap)

telah menyatakan **iman kepada Yesus Kristus**

sebagai Tuhan dan Juru Selamat dan telah menerima anugerah keselamatan cuma-cuma melalui kematian dan kebangkitan-Nya.

"Jika kamu mengaku dengan terus terang, bahwa Yesus adalah Tuhan, dan percaya dalam hatimu, bahwa Allah telah membangkitkan Dia dari antara orang mati, maka kamu akan diselamatkan."

— Roma 10:9 (TB)

Pada hari ini, surga bersukacita dan perjalanan baru dimulai.

Tanggal Keputusan : ______________________________

Tanda tangan : ______________________________________

Deklarasi Keselamatan

Hari ini, aku menyerahkan hidupku kepada Yesus Kristus.

Aku percaya Dia mati untuk dosa-dosaku dan bangkit kembali. Aku menerima Dia sebagai Tuhan dan Juruselamatku. Aku diampuni, dilahirkan kembali, dan diperbarui. Mulai saat ini dan seterusnya, aku akan mengikuti jejak langkah-Nya.

Selamat datang di Keluarga Tuhan!

Namamu tertulis di Kitab Kehidupan Anak Domba.

Kisahmu baru saja dimulai — dan abadi.

BERHUBUNG DENGAN GOD'S EAGLE MINISTRIES

- Situs web: www.otakada.org[1]
- Seri Kekayaan Melampaui Kekhawatiran: www.wealthbeyondworryseries.com[2]
- Surel: ambassador@otakada.org

- **Dukung pekerjaan ini:**

Mendukung proyek kerajaan, misi, dan sumber daya global gratis melalui pemberian yang dipimpin oleh perjanjian.

Pindai Kode QR untuk Memberi

https://tithe.ly/give?c=308311

Kemurahan hati Anda membantu kami menjangkau lebih banyak jiwa, menerjemahkan sumber daya, mendukung para misionaris, dan membangun sistem pemuridan di seluruh dunia. Terima kasih!

1. https://www.otakada.org
2. https://www.wealthbeyondworryseries.com

Give in the Spirit of Luke 6:38

3. BERGABUNGLAH DENGAN Komunitas Perjanjian WhatsApp Kami

Dapatkan pembaruan, konten renungan, dan terhubung dengan orang-orang percaya yang berpikiran perjanjian di seluruh dunia.

Pindai untuk Bergabung

https://chat.whatsapp.com/H67spSun32DDTma8TLh0ov

Tentang Penulis

Zacharias Godseagle

Zacharias Godseagle adalah seorang nabi dan pengajar yang bersemangat menghidupkan Firman Tuhan di hati orang percaya. Dikenal karena wawasannya yang mendalam tentang peperangan rohani, doa, dan pembebasan, ia telah menulis banyak renungan dan panduan kenabian yang menginspirasi transformasi dalam diri individu, keluarga, dan bangsa. Tulisannya menekankan penerapan praktis Kitab Suci untuk kemenangan sehari-hari dan kemajuan kerajaan Allah.

Comfort Ladi Ogbe

Comfort Ladi Ogbe adalah seorang wanita yang gemar berdoa, bersyafaat, dan melayani secara praktis. Ia telah mengabdikan hidupnya untuk memelihara jiwa-jiwa, membesarkan para pendoa syafaat, dan memperlengkapi para wanita dan keluarga untuk hidup dalam keutuhan—roh, jiwa, dan raga. Pengajaran dan pelayanan pastoralnya mencerminkan hati yang penuh belas kasih, menarik orang-orang ke dalam pelukan penyembuhan Kristus dan memberdayakan mereka untuk menemukan takdir yang diberikan Tuhan kepada mereka.

Duta Besar Senin O. Ogbe

Duta Besar Monday O. Ogbe adalah seorang **Ahli Strategi Transformasi Nasional** , pendeta, dan konsultan yang menjembatani strategi iman, tata kelola, dan keamanan. Ia adalah pendiri **God's Eagle Ministries (GEM)** dan telah berperan penting dalam mengembangkan cetak biru nasional untuk kepemimpinan, keamanan, dan transformasi, dengan menggunakan prinsip-prinsip kerajaan. Tulisan dan ajarannya mengajak orang percaya untuk bangkit sebagai reformator, membangun kembali bangsa melalui wawasan, teknologi, dan kolaborasi, sambil tetap berakar kuat dalam doa dan peperangan rohani.

Penerbit

Buku ini diterbitkan di bawah cetakan bersama **Zacharias Godseagle** dan **God's Eagle Ministries (GEM)** , sebuah pelayanan yang didedikasikan untuk memperlengkapi Tubuh Kristus dengan alat-alat untuk pemuridan, pembebasan, dan transformasi di bangsa-bangsa.

BUKU & SUMBER DAYA YANG DIREKOMENDASIKAN

Diselamatkan namun Hilang – Orang yang Bertobat yang Tidak Dimuridkan – diterjemahkan ke dalam 25 bahasa

Buku bersampul tipis

https://shop.ingramspark.com/b/084?params=iYNB6S3PLMfREpm0jMM15bMe3BvWlkjcYyLYnHVGAds

Buku elektronik - https://www.amazon.com/SAVED-BUT-LOST-UNDISCIPLED-heartbreak-ebook/dp/B0FVJ29DF7

7 HARI PERANG ROHANI & PEMULIHAN - ini Bagian 1

Mengikat Musuh, Mengembalikan Panah Tujuh Kali Lipat, dan Memulihkan Takdir Anda

https://shop.ingramspark.com/b/
084?params=8mPzqUl73Ex7uPyeO7ydyt8EGkkB6u2gX1jZvWU8j1C

Tautan buku elektronik - https://www.amazon.com/DAYS-SPIRITUAL-WARFARE-RECOVERY-Returning-ebook/dp/B0FMPJM5KZ

7 HARI PEPERANGAN ROHANI & PEMULIHAN - Bagian 2 - Mengukuhkan Kemenangan, Mematahkan Kejahatan Rumah Tangga, dan Mempertahankan Takdir Anda yang Telah Dipulihkan

BUKU BERSAMPUL TIPIS - https://shop.ingramspark.com/b/084?params=LkpNmGSsApHhWhiSO7bW3wFmcXQKIO4ZEBeSbP5rL1S

Buku elektronik - https://www.amazon.com/DAYS-SPIRITUAL-WARFARE-RECOVERY-Wickedness-ebook/dp/B0FR9YCMY8

DARI KEGELAPAN MENUJU KEKUASAAN: 40 Hari untuk Melepaskan Diri dari Cengkeraman Kegelapan yang Tersembunyi

Renungan Global tentang Kesadaran, Pembebasan & Kekuatan - Untuk Individu, Keluarga, dan Bangsa yang Siap Merdeka

BUKU BERSAMPUL TIPIS

https://shop.ingramspark.com/b/084?params=aVgp21QfwJxNANkfMxIQ0yejuFCVY12KFr978SRkZUD

Amazon - https://www.amazon.com/DARKNESS-DOMINION-Renungan-Kesadaran-Pembebasan-ebook/dp/B0FLDH2Y67[1]

1. https://www.amazon.com/DARKNESS-DOMINION-Devotional-Awareness-Deliverance-ebook/dp/B0FLDH2Y67

- ***Dibebaskan dari Kuasa Kegelapan*** **(Paperback)** — Beli di Sini [2]| Ebook [3]di Amazon[4]

- **Ulasan Teratas dari Amerika Serikat:**
    - **Pelanggan Kindle** : "Bacaan Kristen terbaik yang pernah ada!" (5 bintang)

PUJI TUHAN YESUS ATAS kesaksian ini. Saya sungguh diberkati dan ingin merekomendasikan semua orang untuk membaca buku ini... Karena upah dosa adalah maut, tetapi karunia Allah adalah hidup yang kekal. Shalom! Shalom!

- **Da Gster** : "Ini adalah buku yang sangat menarik dan agak aneh." (5 bintang)

Jika apa yang dikatakan dalam buku itu benar maka kita benar-benar tertinggal jauh dari apa yang mampu dilakukan musuh! ... Suatu keharusan bagi siapa pun yang ingin belajar tentang peperangan rohani.

---

2. https://shop.ingramspark.com/b/084?params=oeYbAkVTC5ao8PfdVdzwko7wi6IQimgJY2779NaqG4e
3. https://www.amazon.com/Delivered-Power-Darkness-AFRICAN-DELIVERED-ebook/dp/B0CC5MM4MV
4. https://www.amazon.com/Delivered-Power-Darkness-AFRICAN-DELIVERED-ebook/dp/B0CC5MM4MV

- **Visa** : "Suka buku ini" (5 bintang)

Ini sungguh membuka mata... sebuah pengakuan yang jujur... Akhir-akhir ini saya mencarinya ke mana-mana untuk membelinya. Senang sekali mendapatkannya dari Amazon.

- **FrankJM** : "Sangat berbeda" (4 bintang)

Buku ini mengingatkan saya betapa nyatanya peperangan rohani itu. Buku ini juga mengingatkan saya akan alasan mengenakan "Seluruh Perlengkapan Senjata Allah".

- **JenJen** : "Siapa pun yang ingin masuk surga, bacalah ini!" (5 bintang)

Buku ini sangat mengubah hidup saya. Dipadukan dengan kesaksian John Ramirez, buku ini akan membuat Anda memandang iman Anda secara berbeda. Saya sudah membacanya 6 kali!

- *Mantan Pemuja Setan: Pertukaran James* (Sampul Lunak) — Beli di Sini [5]| E-book [6]di Amazon[7]

5. https://shop.ingramspark.com/b/084?params=I2HNGtbqJRbal8OxU3RMTApQsLLxcUCTC8zUdzDy0W1
6. https://www.amazon.com/JAMESES-Exchange-Testimony-High-Ranking-Encounters-ebook/dp/B0DJP14JLH
7. https://www.amazon.com/JAMESES-Exchange-Testimony-High-Ranking-Encounters-ebook/dp/B0DJP14JLH

- ***KESAKSIAN SEORANG MANTAN SETANIS Afrika*** - *Pendeta JONAS LUKUNTU MPALA* (Sampul Lunak) — Beli di Sini [8]| Ebook [9]di Amazon[10]

- *Greater Exploits 14* (Sampul Lunak) — Beli di Sini [11]| Ebook [12]di Amazon[13]

8. https://shop.ingramspark.com/b/084?params=0Aj9Sze4cYoLM5OqWrD20kgknXQQqO5AZYXcWtoMqWN
9. https://www.amazon.com/TESTIMONY-African-EX-SATANIST-Pastor-Jonas-ebook/dp/B0DJDLFKNR
10. https://www.amazon.com/TESTIMONY-African-EX-SATANIST-Pastor-Jonas-ebook/dp/B0DJDLFKNR
11. https://shop.ingramspark.com/b/084?params=772LXinQn9nCWcgq572PDsqPjkTJmpgSqrp88b0qzKb
12. https://www.amazon.com/Greater-Exploits-MYSTERIOUS-Strategies-Countermeasures-ebook/dp/B0CGHYPZ8V
13. https://www.amazon.com/Greater-Exploits-MYSTERIOUS-Strategies-Countermeasures-ebook/dp/B0CGHYPZ8V

- *Keluar dari Kuali Iblis* oleh John Ramirez — Tersedia di Amazon[14]
- *Dia Datang untuk Membebaskan Para Tawanan* oleh Rebecca Brown — Temukan di Amazon[15]

BUKU LAIN YANG DITERBITKAN oleh penulis – Lebih dari 1000 judul

Dicintai, Dipilih dan Utuh : Perjalanan 30 Hari dari Penolakan hingga **Pemulihan** diterjemahkan ke dalam 40 bahasa di dunia

https://www.amazon.com/Loved-Chosen-Whole-Rejection-Restoration-ebook/dp/B0F9VSD8WL

https://shop.ingramspark.com/b/084?params=xga0WR16muFUwCoeMUBHQ6HwYjddLGpugQHb3DVa5hE

14. https://www.amazon.com/Out-Devils-Cauldron-John-Ramirez/dp/0985604306

15. https://www.amazon.com/He-Came-Set-Captives-Free/dp/0883683239

Loved, Chosen and Whole
A 30-Day Journey from Rejection to Restoration

MENGIKUTI JEJAKNYA — Tantangan WWJD 40 Hari: Hidup Seperti Yesus dalam Kisah Nyata di Seluruh Dunia

https://www.amazon.com/His-Steps-Challenge-Real-Life-Stories-ebook/dp/B0FCYTL5MG

https://shop.ingramspark.com/b/084?params=DuNTWS59IbkvSKtGFbCbEFdv3Zg0FaITUEvlK49yLzB

YESUS DI PINTU:

40 Kisah Memilukan dan Peringatan Terakhir Surga untuk Gereja-gereja MASA KINI

https://www.amazon.com/dp/B0FDX31L9F

https://shop.ingramspark.com/b/084?params=TpdA5j8WPvw83glJ12N1B3nf8LQte2a1lIEy32bHcGg

KEHIDUPAN PERJANJIAN: 40 Hari Berjalan dalam Berkat Ulangan 28

- **https://www.amazon.com/dp/B0FFJCLDB5**

Kisah dari Orang Nyata, Kepatuhan Nyata, dan Kisah Nyata
https://shop.ingramspark.com/b/084?params=bH3pzfz1zdCOLpbs7tZYJNYgGcYfU32VMz3J3a4e2Qt

TRANSFORMASI DALAM lebih dari 20 bahasa

MENGENAL DIA & MENGENAL DIA:

40 Hari Menuju Penyembuhan, Pemahaman, dan Cinta Abadi

HTTPS://WWW.AMAZON.com/MENGENAL-DIA-DIA-Penyembuhan-Pemahaman-ebook/dp/B0FGC4V3D9[16]

https://shop.ingramspark.com/b/084?params=vC6KCLoI7Nnum24BVmBtSme9i6k59p3oynaZOY4B9Rd

LENGKAP, BUKAN BERSAING:

Perjalanan 40 Hari Menuju Tujuan, Persatuan, dan Kolaborasi

16. https://www.amazon.com/KNOWING-HER-HIM-Healing-Understanding-ebook/dp/B0FGC4V3D9

HTTPS://SHOP.INGRAMSPARK.com/b/084?params=5E4v1tHgeTqOOuEtfTYUzZDzLyXLee30cqYo0Ov9941[17]

https://www.amazon.com/SELESAI-TIDAK-BERSAING-Perjalanan-Kolaborasi-ebook/dp/B0FGGL1XSQ/[18]

17. https://shop.ingramspark.com/b/084?params=5E4v1tHgeTqOOuEtfTYUzZDzLyXLee30cqYo0Ov9941

18. https://www.amazon.com/COMPLETE-NOT-COMPETE-Journey-Collaboration-ebook/dp/B0FGGL1XSQ/

KODE KESEHATAN ILAHI - 40 Kunci Harian untuk Mengaktifkan Penyembuhan Melalui Firman Tuhan dan Ciptaan Membuka Kekuatan Penyembuhan dari Tumbuhan, Doa, dan Tindakan Kenabian

HTTPS://SHOP.INGRAMSPARK.com/b/084?params=xkZMrYcEHnrJDhe1wuHHYixZDViiArCeJ6PbNMTbTux[19]
https://www.amazon.com/dp/B0FHJT42TK

19. https://shop.ingramspark.com/b/084?params=xkZMrYcEHnrJDhe1wuHHYixZDViiArCeJ6PbNMTbTux

BUKU-BUKU LAINNYA DAPAT ditemukan di halaman penulis https://www.amazon.com/stores/Ambassador-Monday-O.-Ogbe/author/B07MSBPFNX

www.ingramcontent.com/pod-product-compliance
Lightning Source LLC
LaVergne TN
LVHW040444051026
849517LV00002B/746
979834962 1703